KB268263

가족, 그 친밀한 굴레

가족, 그 친밀한 굴레
― 다시 쓰는 당신의 이야기

2026년 3월 31일 처음 펴냄

지은이   멀 R. 조던
옮긴이   박종철
펴낸이   김영호
펴낸곳   도서출판 동연
등 록   제1-1383호(1992. 6. 12.)
주 소   서울시 마포구 월드컵로 163-3
전화/팩스   02-335-2630 / 02-335-2640
이메일   yh4321@gmail.com
인스타그램   instagram.com/dongyeon_press

ISBN 978-89-6447-999-5 03180

가족, 그 친밀한 굴레—

다시 쓰는
당신의 이야기

멀 R. 조던 지음
박종철 옮김

동연

삶을 다시 쓰고 싶은 당신에게

30여 년 전, 저는 미국 보스턴대학교 신학대학원에서 멀 R. 조던 교수님의 수업을 들었습니다. 그 수업에는 특별한 과제가 있었습니다. 학생들이 보스턴 근교의 정신분석연구소에서 다섯 번의 정신분석을 받고, 그 경험을 바탕으로 보고서를 작성하는 것이었죠. 다만 정신분석을 받기 위해서는 수강생들이 일정 금액을 부담해야 했습니다. 과제를 내주며 교수님은 말씀하셨습니다.

"비용이 부담되는 학생은 주저하지 말고 나를 찾아오세요."

가난한 유학생이었던 저는 당연히 교수님 연구실을 찾아갔습니다. 교수님은 소파에 앉아 차 한 잔을 건네시더니, 한국에 두고 온 제 가족 이야기를 상세히 물으셨습니다. 그러고는 제 용기를 칭찬하며 따뜻한 응원의 말도 건네셨죠. 그날 연구실을 나서며 문득 깨달았습니다. 정작 정신분석 비용에 대한 이야기는 하지도 못했다는 것을…. 하지만 정신분석 첫날, 저는 깜짝 놀랐습니다. 이미 교수님이 제 비용을 전액 지불해 두셨던 것입니다.

그렇게 따뜻한 가르침 속에서 저는 새로운 길을 발견했습니다. 사회윤리학을 공부하기 위해 떠났던 유학이었지만, 교수님의 수업과 정신분석 과제를 통해 처음으로 내면을 탐색하는 경험을 하게 되었습니다. 1980년대 대학 시절, 저는 주로 사회의 부조리한 현실에 대해 비판적인 시각을 가졌던 청년이었습니다. 하지만 정신분석을 통해 큰 깨달음을 얻었습니다. 정작 내 안에서는 어떤 불안과 신념들이 충돌하고 있었는지조차 제대로 들여다보지 않았다는 사실을…. 그 경험은 신(神)에 대한 저의 인식에도 깊은 영향을 미쳤습니다. 그 시기 교수님의 명저, *Taking on the gods*(신들과 씨름하다)를 읽으며 제 삶의 방향이 바뀌었습니다. 언젠가 이 책을 번역하고 싶다는 소망을 품었고, 마침내 2010년 연구년 동안 직접 번역해 출간할 수 있었습니다.

전공을 바꾼 후 저는 교수님이 단순한 학자가 아니라, 가족 상담과 치료 분야에서 임상경험을 쌓은 뛰어난 슈퍼바이저라는 사실을 알게 되었습니다. 특히 교수님이 개설한 <가족 상담과 영적 성장> 과목은 학생들 사이에서 최고의 명강의로 소문이 자자했죠. 그러나 영어 실력이 부족했던 저는 그 수업의 모든 내용을 다 소화하지 못한 것이 못내 아쉬웠습니다.

그런데 이제, 박사과정 연구원 박종철 선생이 번역한 『가족, 그 친밀한 굴레』를 통해 그때 놓쳤던 보석 같은 강의를 다시 듣는 기쁨을 누리고 있습니다. 이 책은 단순한 가족 상담 이론서를 넘어, 이야기 심리학과 영적 성장을 아름답게 엮어낸 주옥같은 작품입니다. 원저자의 깊은 통찰을 명확하고도 쉽게 전달한 박종철 선생의 노고에 뜨거운 박수를 보냅니다.

이 책은 단순한 이론서가 아닙니다. 멀 R. 조던 교수님의 학문적·임상적 연구가 집대성된 『가족, 그 친밀한 굴레』는 독자들이 자신의 삶을 새롭게 정의하고 써 내려갈 수 있도록 돕는 소중한 안내서입니다. 이 책은 단순히 과거의 상처를 분석하는 데 그치지 않습니다. 어린 시절 이야기를 다시 쓰고, 영혼을 새롭게 하며, 스스로 미래를 만들어 가는 실질적인 변화를 제안합니다.

이 책을 읽는 독자들은 누구나 자신만의 진정한 목

소리를 되찾고, 신앙을 바탕으로 새로운 삶을 살아갈 용기를 얻게 될 것입니다. 상담 전문가뿐만 아니라, 과거의 상처를 넘어 진정한 자기 자신을 찾고 싶은 모든 분께 이 책을 강력히 추천합니다. 지금, 당신의 이야기를 다시 써 보십시오.

권수영

연세대학교 연합신학대학원 상담코칭학 주임교수

한국상담진흥협회 이사장

삶은 이야기입니다. 우리는 매 순간의 경험을 엮어 자신만의 삶을 써 내려갑니다. 그러나 그 이야기가 늘 우리 목소리로 쓰이는 건 아닙니다. 때로 우리는 타인의 기대에 맞추고, 사회가 정한 역할을 연기하며, 가족의 오래된 각본에 갇혀 삽니다. 진짜 내 목소리는 어디론가 사라지고 누군가 써놓은 대본을 따라가기만 합니다. 이런 순간, 우리에게 필요한 것은 잃어버린 자신의 이야기를 되찾는 일입니다. 그 여정에서 만난 멀 R. 조던 교수의 『가족, 그 친밀한 굴레』(*Reclaiming Your Story*, 1999)는 어둠 속에 길을 밝히는 별빛과도 같습니다.

이 책은 내면 깊숙이 숨겨진 진실을 발견하고 그것을 나만의 언어로 다시 표현할 수 있도록 따뜻하고 세심하게 인도합니다. 단순한 심리학 이론서를 넘어, 상처 입은 영혼이 본연의 목소리로 자신의 이야기를 회복하는 여정을 조용히 함께 걷는 안내서입니다.

조던 교수는 이 책에서 우리가 누구인지 그리고 다른 이들과 어떻게 관계 맺는지를 결정하는 근본적인 원천이

'원가족'에 있음을 통찰력 있게 보여줍니다. 우리는 어린 시절 가족 안에서 익힌 의사소통 방식, 감정 반응, 방어기제를 통해 세상과 신을 만납니다. 그는 이러한 내면의 패턴들이 우리의 신앙과 영적 성장에까지 영향을 미친다고 말합니다. 특히 내면화된 부모의 목소리와 왜곡된 자기 이미지가 신과 진정한 관계를 맺는 것을 방해하는 '내면의 우상'이 될 수 있음을 섬세하게 짚어냅니다.

이 책은 독자를 세 단계의 여정으로 초대합니다. 첫째, 자신의 원가족 이야기를 정직하게 마주하며, 둘째, 그 이야기가 현재의 삶과 신앙에 어떤 영향을 미치는지 깨닫고, 셋째, 신의 시선으로 자신을 새롭게 바라보며 새로운 이야기를 써 내려가는 것입니다. 이것은 단순한 과거 회상이 아니라 신과 함께 새로운 정체성을 찾고 자기 자신과 화해하는 깊고 의미 있는 영적 여정입니다.

제가 조던 교수의 사상을 처음 접한 것은 그의 전작 『신들과 씨름하다』(*Taking on the Gods*, 1986)를 통해서입니다. 지도교수이신 권수영 교수님께서 2011년에 번역하신 이 책은 신학과 심리학의 경계를 넘나드는 깊은 통찰로 저의 학문적 지평을 넓혀 주었습니다. 인간 존재의 본질, 고통의 의미 그리고 그 속에서 발견되는 영성에 대한 이해는 제게 깊은 인상을 남겼습니다. 그로부터 13여 년 후 쓰인 『가족, 그 친밀한 굴레』(*Reclaiming Your Story*, 1999)는 '이야기'를 중심으로 상담과 영성, 이론과 실천을 더욱 깊고 섬세하게 연결하고 있습니다. 가족 서사, 대상관계 이론, 내면 아이, 빈 의자 기법, 이야기 치료 등 다양한 심리학적 방법론이 자연스럽게 영적 성장과 어우러져 독자를 변화의 과정에 참여하도록 이끕니다.

각 장에 있는 성찰 질문과 이야기 쓰기 과제는 독자가 능동적으로 변화에 참여하도록 독려합니다. 특히 욥의 고통, 야곱의 씨름, 예수님의 비유 같은 성경 이야기는 심리학적 통찰과 만나 우리 신앙의 지평을 넓혀줍니다.

이 책을 번역하며 무엇보다 제 학문적 여정에 든든한 나침반이 되어 주신 권수영 교수님께 감사드립니다. 교수님의 따뜻한 격려와 아낌없는 지원이 없었다면 이 번역서는 세상의 빛을 보기 어려웠을 것입니다. 또한 원고를 검토하며 귀중한 조언을 아끼지 않은 엄기봉 목사님과 문장을 가다듬어 완성도를 높여준 김혜경 목사님께도 진심 어린 감사의 마음을 전합니다. 출판을 흔쾌히 허락하시고 도움을 주신 김영호 대표님과 편집부에도 깊이 감사드립니다.

이 책을 번역하는 과정은 저에게도 깊은 성찰의 시간이었습니다. 조던 교수가 언급한 '원가족의 목소리'와 '내면의 우상'을 제 안에서도 발견했습니다. 저 역시 새로운 이야기를 써 내려가는 과정에 있음을 깨달았습니다. 이 책은 전문가만을 위한 이론서가 아닙니다. 삶을 되돌아보고 자신만의 새로운 이야기를 써 내려가려는 모든 이에게 이 책이 길잡이가 되기를 바랍니다. 상처를 안고 살아가는 이에게는 따스한 위로를, 신앙 속에서 길을 찾는 이에게는 깊은 통찰을, 삶을 다시 시작하려는 이에게는 조용한 용기를 전할 것입니다. 『가족, 그 친밀한 굴레』가 책장 속에 머무르지 않고 당신의 삶 속에서 생생히 살아 숨 쉬는 이야기로 자리 잡기를 바랍니다. 이제부터 써 내려갈 당신의 이야기가 진정한 당신의 목소리로 울려 퍼지기를 진심으로 응원합니다.

2025년 8월 11일

박종철

차 례

일러두기

1. 책 뒤에 있는 주(注) 중에서 끝에 아무런 표시가 없는 것은 저자주이고, 역자주는 "역자주"라고 표기했습니다.

2. 전문용어 중 일부는 각주에 설명을 추가했습니다.

3. 원문의 성경 구절은 개역개정판을 인용했습니다.

4. 뜻을 분명히 밝히기 위해 필요한 경우 일부 단어에 한자나 영어를 함께 표기했습니다.

이야기가 다시 시작되는 곳에서

영성은 소우주에서 대우주로 나아가는 여정입니다.

_ 헨리 나우웬(Henry Nouwen)[1]

원가족(原家族, Family of origin)[2]은 자신과 타인 그리
고 하나님과의 관계가 처음 형성되는 소우주라 할 수 있
습니다. 따라서 당신의 원가족 환경을 진지하게 생각해
볼 필요가 있습니다. 그곳은 감정과 영적 경험이 만들어
지는 용광로와 같은 역할을 하기 때문입니다. 당신은 타
인과 소통하고 친밀감을 형성하는 방식뿐 아니라 자신
을 지키는 법 등의 다양한 행동 패턴을 원가족으로부터
배우게 됩니다. 그리고 이러한 가족 내 역동은 당신이

하나님과 맺는 관계에도 큰 영향을 미치며, 초기에 형성되는 하나님 표상은 가족 구성원과의 관계 특성에 따라 달라질 수 있습니다. 또한 어린 시절 내면화한 가족 내 권위 인물들의 감정, 가치관, 신념 등은 개인의 자아 개념과 삶에서 수행하는 역할에도 지대한 영향을 미치기도 합니다.

이 책의 핵심은 원가족으로부터의 심리적 분화[3]가 더 큰 영적 성장을 이끈다는 것입니다. 원가족에 대한 절대적 의무감이나 과도한 애착은 하나님께 온전히 헌신하는 것을 방해할 수 있습니다. 이는 예수의 말씀인 "무릇 내게 오는 자가 자기 부모와 처자와 형제와 자매와 더욱이 자기 목숨까지 미워하지 아니하면 능히 내 제자가 되지 못하고"[4]에 근거합니다. 이 말씀은 가까운 권위 인물과의 진정한 분화야말로 예수의 참된 제자가 되기 위한 필수적인 과정임을 보여줍니다. 하나님 외에 다른 신은 있을 수 없기 때문입니다.

이 말씀은 또 다른 면에서 중요한 의미가 있습니다. 바로 당신이 어린 시절에 함께했던 권위 있는 인물의 표상(Representation)에 집착하여 그것에 절대적인 권위를 부여할 수 있다는 점입니다. 따라서 이렇게 내면화된 권위 인물의 표상이나 정신적 우상으로부터 당신 스스로를 분리해야 합니다. 그래야 당신의 진심 어린 애정과 사랑이 하나님께 향할 수 있습니다. 칼 융(Carl Jung)은 "가족적 특성이 아이에게 강하게 각인되면 될수록, 아이는 성인이 되어서도 어린 시절에 경험했던 세계를 더 많이 보고, 느끼게 될 것"[5]이라고 말했습니다. 원가족에 대한 탐구는 과거의 잔여물을 청산하고, "당신이 원하는 삶을 스스로 창조해 나갈 수 있도록"[6] 하는 하나의 방법입니다. 이 탐구의 목적은 다른 사람을 변화시키는 것이 아니라, 자신을 변화시키는 것에 초점을 맞추고 있습니다. 지상의 권위와 사랑에 대한 끝없는 집착으로부터 해방되어, 당신의 존재 중심을 영원하고 사랑이 넘치는 하나님께로 향하도록 하는 것이 목적입니다.

나의 친구이자 동료였던 고(故) 캘빈 털리(Calvin Turley)는 정신병리는 왜곡된 정체성의 결과이거나, 혹은 왜곡된 정체성 그 자체라고 말하곤 했습니다. 그의 말은 우리가 때때로 역기능적 권위자를 기반으로 자기 개념을 형성하거나, 스스로에 대한 부정확한 평가를 참자기에 대한 핵심적 신념으로 받아들인다는 것을 의미합니다. 이러한 역기능적 권위자에 의해 규정된 거짓자기는 마치 그것이 참자기이자 개인의 본질적인 정체성인 것처럼 기능합니다. 부모님이 자신에게 늘 진실을 말한다고 굳게 믿는 아이들은 스스로를 나쁜 아이, 거부당한 아이, 원치 않는 아이, 혹은 못된 아이로 인식하기도 합니다. 하지만 이런 아이들의 자기 이해는 그들의 본래 모습이기보다는 거짓 권위에 의한 왜곡된 해석, 거짓말, 부당한 비난, 꾸 짖음 혹은 수치심에 의해 형성된 것입니다. 나중에 살펴보겠지만, 이야기 치료(Narrative Therapy)는 거짓 권위에 의해 만들어진 심리적 허상을 밝히는 데 도움을 줍니다. 당신이 "이것이 나의 진짜 이야기이자 정체성이다"라고 믿게 만드는 허상들을 밝혀내는 것입니다. 중요한 것은 거짓 권위가 아닌 참되며 궁극적인 권위로 우리의 가치 와 정체성을 세우는 것입니다. 하나님의 관점에서 당신 의 이야기를 다시 써야 합니다. 앤서니 드멜로(Anthony de Mello)는 "하나님이 그대를 바라보며, 미소 짓고 계심 을 보라"[7]고 말했습니다. 하지만 이 말의 진리를 누리며 살아가는 사람은 많지 않습니다. 당신의 자기 개념 속에 하나님의 관점을 받아들이려는 노력은 자기를 바라보는 방식을 바꾸는 데 중요한 부분을 차지합니다. 철학자 랭 미드 캐서리(Langmead Casserley)는 "신성(神性, Divinity)의 실재와 의미에 대한 인식이 깊어질수록, 인성(人性, Personality)이 지니는 각별한 지위와 존엄에 관한 우리의 이해는 더욱 또렷해진다"[8]고 말했습니다.

'쓰기'(Authoring)와 '다시 쓰기'(Reauthoring)라는 단어 모두 '권위'(Authority)라는 말과 어원을 공유합니다. 따라서 당신의 영적인 삶에 관해 다시 쓰기 위해서는 스스로의 가치와 정체성을 그릇되게 규정하도록 한 거짓 권위와 맞설 수 있어야 합니다. 진정한 권위가 사랑과 존중 그리고 보살핌을 통해 당신을 정의하기 때문입니다.

최근 바닷가에 서 있다가, 한 청년과 노인이 작은 배를 몰아 해안 멀리 정박해 있는 큰 배를 향해 나가는 걸 보았습니다. 노인은 큰 배에 오른 후, 운전대로 다가가 시동을 걸었습니다. 닻을 끌어올리는 일은 청년에게도 쉽지 않아 보였습니다. 하지만 분명한 건 청년이 닻을 올리기 전까지 노인은 배를 앞으로 나가게 할 수 없다는 점입니다. 이 이야기는 이 책의 핵심을 보여주는 멋진 비유라 여겨집니다(또는 이 장면은 이 책이 전하려는 메시지를 완벽하게 보여줍니다). 우리 모두는 원가족으로부터 물려받은 개인의 역사에 닻을 내리고 있습니다. 입양 가족이나 위탁 가족이 그 역할을 했더라도 마찬가지입니다. 우리 삶에 영향을 준 어린 시절 중요 권위 인물과의 애착 경험과 그 의미들은 우리 무의식의 바다 깊은 곳에 닻을 내리고 있습니다. 흔히 '내면화된 대상'(Internalized Objects)이라 불리는 마음속 깊이 내재화된 대상과의 애착은 우리의 영적 삶의 성장뿐 아니라 정체성 형성에 중요한 역할을 합니다. 우리가 현실을 인식하는 방식, 하나님 표상, 가치와 신념 체계 및 의미 체계, 관계 형성 패턴 및 소통과 상호작용 패턴, 자아 정체성과 자존감, 감정 인식 방식, 표현 방식 등 이 모든 것은 원가족과의 관계와 경험에 의해 크게 좌우됩니다. 우리는 종종 과거에 고정해 두었던 닻을 끌어올리기 위해 다른 사람들의 도움이 필요합니다. 그래야만 진정으로 자신의 여정으로 나아갈 수 있습니다.

이제부터 나의 영적 삶의 여정에 관해 소개하려 합니다. 나는 여러분의 성장기 경험과 그것이 당신의 영적 생활에 미친 영향을 되돌아보도록 당신을 초대하고 싶습니다. 이를 위해서는 내가 어떻게 지금의 내가 되었는지 밝히는 게 필요해 보입니다. 다음 장에서는 원가족의 역할과 패턴이 하나님과의 관계에 어떤 영향을 미쳤는지 이해하는 방법을 간략하게 설명하겠습니다. 그리고 우리의 어린 시절 역사가 얼마나 강력하게 우리를 붙잡고 있는지를 이해하는 데 도움이 될 만한 새롭고 도전적인 견해들을 살펴보고, 이러한 패턴을 변화시키는 데 도움이 되는 몇 가지 방법들을 소개하고자 합니다. 원가족의 역동이 우리의 직장 생활, 교회에서의 리더십 그리고 돌봄 관계에 어떤 영향을 미치는지도 다루려 합니다. 그리고 마지막으로, 당신이 살아오면서 어쩌면 빠졌을 수도 있는 이중 우상 숭배에 대해 알아보고, 이러한 이중 우상 숭배를 극복하는 방법을 제시해 보겠습니다.

영적 순례 여정에서 나는 상담가와 영적 지도자를 포함하여 다양한 분들로부터 큰 도움과 지지를 받았습니다. 이에 깊은 감사의 마음을 전합니다. 나의 영적 여정을 다시 쓰는 작업 대부분은 제 인생의 50대와 60대에 이루어졌습니다. 이 책이 비슷한 나이의 독자들에게도 도움이 되기를 바랍니다.

1장

나는 어디에
속해 있었는가

주님, 당신은 저를 어떻게 바라보십니까? 저를 향해 당신이 품고 계신 마음은 무엇입니까?
_ 존 이건 신부(John Eagan, SJ.)

가족이라는 무대 위의 오래된 역할

나의 원가족 패턴을 공개하는 것은 여러분이 자신의 가족사를 살펴볼 수 있도록 하는 데 가장 좋은 방법일 것입니다. 어린 시절 친밀한 관계에서 경험한 일들이 어떻게 행동 패턴이나 신념 패턴을 형성시켰는지 그리고 그런 경험이 하나님과의 관계 형성에는 어떤 영향을 미쳤는지 깨달을 수 있도록 궁금함과 호기심을 갖기를 바랍니다.

나의 영적 여정 돌아보기

먼저 나의 영적 여정에 암묵적으로 참여하는 등장인물들을 소개하겠습니다. 내가 태어날 때 어머니는 병원에서 성홍열(Scarlet Fever)에 감염되었고, 그로 인해 어머니와 나는 5주 반 동안 함께 병원에 머물러야 했습니다. 그 후 어머니는 곧 돌아가셨습니다. 어머니에 대한 뚜렷한 기억은 없지만, 제 생애 초기 몇 주 동안 겪었던 고투는 일종의 신체 기억(보통의 이성적 기억을 넘어 몸과 존재에 새겨진 기억)으로 내 몸에 남아 있다는 걸 알게 되었습니다. 아버지는 착하고 근면했을 뿐 아니라, 어머니를 무척 사랑하셨습니다. 아버지는 내게 어머니에 대해 한마디도 하지 않으셨고, 내가 스무 살 때 돌아가셨습니다. 나는 아버지가 마음속 어딘가에 깊이 박힌 엄청난 죄책감과 싸우고 있었다고 생각합니다. 할머니는 어머니가 나를 집에서 낳기를 바랐지만, 아버지는 나를 병원에서 출산하도록 고집했고, 결국 그곳에서 어머니가 병에 걸려 돌아가셨기 때문입니다. 아버지는 어머니 죽음을 나의 탓으로 여기셨기에, 나에 대해 매우 복잡한 감정을 가지고 계셨던 것 같습니다. 두 살 위였던 누나는 자연스럽게 어머니와 아버지 모두와 깊은 유대감을 형성했습니다. 누나는 아버지에게 매우 특별했습니다. 가족들은 누나가 아버지를 쥐락펴락한다고 느낄 정도였습니다. 내가 병원에서 집으로 돌아온 직후, 새어머니가 등장했습니다. 옆집에 살던 실무 간호사였던 그녀는 누나와 나를 돌보기 위해 우리 집으로 들어왔습니다. 몇 달 후, 본가 친척들 일부의 반대에도 불구하고 아버지는 그녀와 결혼했습니다. 한번은 새어머니가 "내가 남자와 결혼한 건지 아이와 결혼한 건지 모르겠다"고 말하는 걸 우연히 들었습니다. 그 말은 아마도 결혼 생활은 비교적 평온했지만, 새어머니는 친밀감이나 만족감을 충분히 느끼지 못했다는 뜻이었을 겁니다. 새어머니는 어머니 역할을 하는 것과 아이들을 돌보는 데 큰 보람을 느꼈습니다. 안타깝게도 누나와 새어머니 사이의 갈등이 심해지면서, 새어머니는 나를 정서적으로 더 가깝게 대했습니다. 또한 나는 새어머니의 여동생과도 가깝게 지냈는데, 그녀는 내가 가장 좋아했던 사람 가운데 한 분이었습니다. 새어머니의 부모님 역시 나를 매우 아껴주셨는데, 특히 할아버지는 무한한 사랑을 나에게 베풀어 주셨습니다.

내 원가족은 미국 메인(Maine)주의 한적한 시골 마을에서 살았습니다. 농부였던 아버지는 형제 중 한 명과 함께 주유소를 운영하며 생계를 이어갔습니다. 아버지는 아마도 인생에서 사랑했던 두 가지, 바로 첫 번째 아내였던 제 어머니와 농사일을 잃은 상실감에 힘겨워하셨을지도 모릅니다. 새어머니는 주부로서의 역할을 위해 간호사 직업을 포기해야 했습니다. 그녀는 함께 살던 부모님과 여동생과도 가깝게 지냈습니다. 나는 새어머니의 가족들과 자주 시간을 보냈고, 여름에는 새어머니의 여동생 집에 머물면서 토요일 저녁 식사는 물론 주말까지 함께 보내곤 했습니다.

하나님에 대한 나의 왜곡된 표상, 두려움으로 가득 찬 세계관 그리고 현실에 대한 왜곡된 인식 방식은 세 가지 주요한 트라우마의 결과였습니다. 트라우마 형성 요인 중 첫 번째는 제 친어머니의 죽음입니다. 중년이 될 때까지는 그 사건의 영향을 자각하지 못했지만, 그 일은 나에게 깊은 분리불안과 버려짐에 대한 공포 그리고 거절과 비판에 대한 두려움을 심어주었습니다. 이러한 버려짐이 나에게 절대적 현실이자 영원한 실재(Eternal Reality)로 느껴지면서 공포를 불러일으켰습니다. 두 번째 요인 역시 중년이 될 때까지 거의 의식하지 못했는데, 그것은 아버지가 어머니의 죽음에 대해 암묵적으로 나를 비난하셨다는 것입니다. 어떤 의미에서 나는 스스로를 '살인자'라는 자기 표상으로 받아들였으며, 이를 속죄하기 위해 특별히 책임감 있고 선하게 행동해야만 했습니다. 아버지의 암묵적인 비난과 질책에 대한 두려움은 나를 다른 사람의 권위 앞에 취약하게 만들었습니다. 거절당하고 판단받는다는 감정을 견디지 못했기 때문에 나는 타인에게 권한을 내어주고, 사람들을 만족시키는 사람이 되려고 했습니다. 세 번째 요인은 나를 매우 아꼈던 새어머니의 예민한 감정 기복이었습니다. 어쩌면 그녀의 헌신적인 보살핌이 유아기에 '발달 부진'을 겪던 나를 살려냈을지도 모릅니다. 하지만 그녀는 나를 훌륭하게 양육한 것에 대한 인정과 사랑 그리고 감사를 원했고, 이러한 그녀의 욕구는 때로 과도한 통제와 조종으로 이어졌습니다. 그녀에게 온전히 헌신하고 밀착된 관계를 유지해야 했기에, 나는 관계 안에서 독립적인 존재로 성장할 자유를 포기해야만 했습니다. 그 결과, 나는 어린 나이에 '부모 역할을 하는 아이'가 되는 법을 배웠습니다.

여섯 살쯤 되었을 때, 새어머니는 눈물을 글썽이며 자신이 진짜 엄마는 아니지만, 나를 깊이 사랑하고 있으며,

내가 어렸을 때 친어머니가 돌아가셨다는 사실을 알려주었습니다. 그녀는 떨리는 목소리로 "나는 네 엄마라고 생각하지만, 이 사실을 알게 되면 더 이상 나를 엄마로 여기지 않을까 봐 두려웠다"고 말했습니다. 당시 나는 충격과 당혹감을 느꼈지만, 새어머니를 잘 보살펴야 한다는 분명한 메시지로 받아들였습니다. 그날 이후 새어머니나 아버지에게 친어머니에 대해 다시 묻지 않았습니다. 나는 중요한 문제에 대해 침묵을 강요당하며 살아야 했고, 이러한 비밀은 엄청난 괴로움을 안겨주었습니다.

침묵 속에 갇힌 이야기들

우리 가족 안에 겹겹이 쌓인 묵언의 결탁(Conspiracy of Silence)은 여러 면에서 나의 감정과 욕구를 알아차리고 표현하는 데 지대한 영향을 미쳤습니다. 나는 내면의 감정을 제대로 이해할 수 없었고, 그것들을 다른 사람과 나누거나, 기도를 통해 하나님께 말할 수도 없었습니다. 새어머니에게 충실하기 위해 친어머니에 대한 모든 질문과 감정을 억눌러야 했습니다. 친어머니에게 조금이라도 관심을 보이면 새어머니에게 상처를 줄 것이 분명

했기 때문입니다. 슬퍼하거나 화를 내지 말아야 했으며, 친어머니가 어떤 분이었는지 물어서도 안 됐습니다. 마찬가지로 아버지 역시 친어머니에 대한 언급을 꺼렸습니다. 임종을 앞둔 순간에도 아버지는 친어머니에 대해 단 한마디도 남기지 않았습니다. 아주 어렸을 때 외할머니와 잠시 연락이 닿았지만, 친어머니에 관한 이야기는 나누지 못했습니다. 이러한 과정 속에서 나는 중요한 질문과 그와 관련된 감정들을 억누르며 살아가는 법을 배웠습니다.

감정과 깊이 접촉하지 않고 내면의 깊은 이야기를 친밀하게 나눌 수 있는 자유와 지지가 없는 세계 속에서 살아가는 이런 방식은 하나님께 온전히 마음을 여는 것을 어렵게 했습니다. 시편 139편에서 시편 기자가 묘사하는 하나님은 '우리를 깊이 사랑하시고, 모든 걸 아시는 분'입니다. 그리고 아이들을 따뜻하게 돌보시는 예수의 모습에서 신성의 본질을 발견할 수 있습니다. 이러한 깨달음은 내가 태어난 세상과는 근본적으로 다른, 더 깊고 아름다운 세계를 이해하게 해주었습니다.

당시 많은 가정에서 그랬던 것처럼, 아이들은 분노를 표출하거나 성에 관한 질문, 혹은 호기심을 가져서는 안

됐습니다. 새어머니는 목욕할 때 코르셋을 묶어주거나 등을 씻겨달라고 부탁하곤 했습니다. 하지만 엄격한 청교도적인 분위기 속에서 성장한 나는 어떤 성적 감정이나 생각, 환상도 가질 수 없었습니다. 성적인 자극과 금기가 동시에 있었던 것입니다. 내가 받은 성교육이라고는 새어머니가 사춘기 초기에 나에게 건넨 의사가 쓴 책 한 권뿐이었습니다. 그 책에서 기억나는 주된 가르침은 "자위는 너를 미치게 할 수 있다"였습니다. 돈과 관련해서는 용돈을 얼마나 받았는지, 어떻게 썼는지 일일이 작은 공책에 기록해야 했습니다. 이러한 억압[2], 규범의식 그리고 순응 속에서 저는 의문이 들었습니다. 누나는 어떻게 그토록 많은 규칙을 어기면서 아버지의 넉넉한 사랑을 받을 수 있었을까요. 하나님의 사랑과 은혜를 현실 속에서 경험하기까지의 여정은 길고 때로는 고단했습니다. 하나님은 나에게 억압과 순응이 아닌 자유를 원하셨음을 믿게 된 순간은 신앙의 큰 도약이었습니다.

비난의 목소리 넘어서기

아버지는 은밀하고 수동적인 처벌 방식으로 친어머

니의 죽음에 대한 슬픔과 죄책감을 나에게 전가했습니다. 어린 시절 나와 아버지의 관계는 너무나 멀었습니다. 몇 년 전 여동생은 "아버지가 새아버지 같고, 새어머니가 친어머니 같았다"라고 말할 정도였습니다.

아버지와의 내적인 유대를 이해하게 된 것은 흥미로운 경험이었습니다. 부끄러움, 부적절함[3], 죄책감과의 씨름 그리고 비판과 판단에 대한 두려움은 모두 내 마음속에 있는 아버지의 익숙한 모습과 연결되어 있었습니다. 비난과 비판의 목소리를 극복하기 위해서는 아버지 없이 홀로 설 수 있다는 믿음과 용기 그리고 나 자신과 하늘에 계신 아버지와의 관계에 대한 신뢰가 필요했습니다.

숨 막히는 사랑과 보이지 않는 굴레

새어머니의 사랑은 내가 살아남는 데 결정적이었습니다. 하지만 그 사랑은 통제적이었고, 나는 감정적 자유를 포기해야 했습니다. 20대 후반, 처음 상담을 받으면서 새어머니에게 속마음을 털어놨습니다. 독립하고 싶었고, 제 목소리를 내고 싶었다고 말이죠. 이 말에 새어머니는 깊은 상처를 받았습니다. 어렸을 적 느꼈던 답답

함을 조심스럽게 털어놓으려 몇 번 시도했지만, 새어머니는 "어떻게 그런 말을 할 수 있니?", "어떻게 나한테 그럴 수 있어?"라며 제 마음을 밀어냈습니다. 결국 저는 더 이상 상처받지 않기 위해 새어머니와는 감정적으로 거리를 두고 살기로 했습니다.

하지만 이러한 경험은 예상치 못한 결과를 가져왔습니다. 하나님과 더 깊은 관계를 맺으려 할 때도 '가까워지면 다시 상처받고 나 자신을 잃게 될 것'이라는 두려움이 엄습했기 때문입니다. 머튼(Merton)[4]의 통찰은 나에게 위로와 자유를 가져다주었습니다. 그는 하나님 안에서 우리 각자의 진정한 정체성이 완성된다고 말했습니다. "우리는 우리 자신의 정체성을 잃지 않으면서도, 우리 것이지만 동시에 '받아들여지는' 정체성에 의해 완성됩니다. 이러한 완성을 가능하게 하는 분은 우리 자신과 완벽하게 일치하면서도 우리와는 근본적으로 다른 한 분, 바로 하나님이신 그리스도이십니다."[5] 하나님과의 친밀함이 나를 집어삼키거나, 얽매거나 혹은 신경증적으로 통제하지 않을 것이라는 믿음을 얻기까지 꽤 오랜 시간이 걸렸습니다. 나의 일기에는 하나님께 나의 능력, 독립성 그리고 공격성을 드러내면 버림받을지도 모른다는 두려움에서 벗어나 자유를 찾아가는 과정이 담겨 있습니다. 이러한 두려움은 내가 하나님께 투사한 내 자신의 두려움이었습니다. 나의 일기 속에는 이러한 투사가 잘못되었음을 그리고 진정한 나를 표현하는 일이 하나님으로부터 버림받는다는 것을 의미하지 않는다는 진실을 깨닫고 안도했던 순간들이 기록되어 있습니다. "하나님, 제가 완벽하게 행동하지 못하거나, 말하지 않을지라도 저를 버리지 않으시고, 자유와 독립을 주장해도 변함없이 사랑해 주셔서 감사합니다. 어떤 것도, 심지어 죽음조차도 저를 당신의 사랑에서 떼어놓을 수 없음에 그리고 영원히 붙잡아주시는 그 사랑에 감사드립니다." 이러한 투쟁은 마침내 하나님의 뜻은 내가 하나님의 뜻과 씨름하는 것임을 믿게 하는 변화를 가져왔습니다.

하나님 뜻과의 격렬한 씨름[6]

원가족에서 배운 수동적이고 순응적인 관계 패턴[7]은 교회와 학교를 거치며 더욱 굳어져서, 기도에 있어서도 절대적 규범으로 자리 잡는 경우가 있습니다. 우리는 기도할 때 하나님께 솔직한 마음을 드러내기보다 무조건

순종하는 모습을 보여야 한다고 생각합니다. 순종적이고 수동적인 태도를 갖춰야만 은혜의 보좌 앞에 나아갈 자격이 있다고 믿는 것이죠. 또한 온화하고 수용적인 태도만이 기도에 적합하며, 자기주장은 피해야 할 것으로 여깁니다. 우리는 하나님의 뜻에 수동적이고 순응적인 태도로 복종해야 한다고 믿으며, 오히려 하나님의 뜻과 씨름하는 것 자체가 하나님의 부르심과 뜻에 순종하는 길임은 깨닫지 못합니다. 내면 깊은 곳에 숨겨진 욕구와 그와 연결된 모든 감정, 인간적인 필요를 하나님께 적극적으로 표현하는 것을 불경하다고 여기는 경우가 많습니다. 그래서 우리는 자기주장이나 자율적인 성취 욕구를 스스로 억누르고 억제하게 됩니다.

아이의 감정과 필요가 무시되고, 자신을 주장하는 일이 나쁘거나 죄악이라고 배운다면, 그 아이는 자신을 온전히 받아주시는 하나님의 은혜를 인식하기 어려울 수 있습니다. 이런 경험을 한 아이들은 종종 하나님은 단지 '착한 나'만 사랑하신다고 믿으며 성장합니다. '나쁜 나'와 '숨겨진 나'는 하나님께 받아들여지지 않는다고 생각하게 되는 것이죠. 마치 '착하고 바른' 모습만이 하나님께 인정받기 위한 조건인 것처럼 여기게 됩니다.

하지만 수동적인 순종과 참자기의 희생은 하나님의 뜻이 아닙니다. 하나님은 우리가 사랑받기 위해 하나님이 주신 인격의 일부를 파괴하는 것을 안타까워하십니다. 오히려 우리가 당신의 사랑과 은혜를 믿고 누리며, 기쁨과 자율(Autonomy)이 넘치는 삶으로 나아갈 수 있도록 우리를 대신해서 애쓰고 계십니다. 하나님은 우리를 대신해서 우리가 개성을 찾고 고유한 자율성을 드러낼 수 있도록 사랑으로 도우십니다. 창조주 하나님은 우리가 온전한 자기가 되어 자유함을 누리도록 우리를 부르시며, 그분의 신성한 사랑을 경험하기를 간절히 원하십니다. 하나님의 사랑은 우리의 능력과 개성 그리고 자율성을 북돋아 줍니다. 하나님은 우리를 온전히 사랑하시고, 우리의 자유를 기뻐하시며, 우리의 자율성이 드러나도록 격려하시고, 우리의 개성을 인정하십니다. 하나님은 우리가 진정으로 받아들여졌다고 느끼려면, '나쁜 나'와 '내가 아닌 나'까지 포함한 모든 모습이 하나님께 온전히 받아들여진다는 것을 경험해야 한다는 것을 알고 계십니다.

우리 중 일부는 대인 관계에서 자율성과 자기 주장성에 대한 긍정적 수용을 경험했지만, 그 배움을 하나님과의 관계로 옮기지는 못했을 수 있습니다. 부모와 자녀의 관계를 생각해 보면 이를 더 잘 이해할 수 있습니다. 부모는 자녀가 성장하며 여러 발달 단계를 거쳐 자아실현을 향해 나아가는 모습을 보며 기뻐합니다. 아이가 단어를 처음 말하거나 새로운 문장을 표현할 때 즐거워하고, 아기의 첫걸음마에 부모는 "우와" 소리를 지릅니다. 부모는 아이의 인격과 개성이 자라나도록 다양한 긍정적 표현으로 격려합니다. 많은 부모가 자녀의 인격이 성장하는 모습에 기쁨을 감추지 못합니다. 하나님도 마찬가지입니다. 사랑하는 자녀인 우리가 자유와 자율성을 향해 한 걸음씩 나아가는 것을 보시며 진정으로 기뻐하십니다.

영적 지도나 상담에서 지도자나 상담가는 종종 내담자가 자신의 삶에 대한 욕구를 충분히 드러내기도 전에, 자유를 향해 고군분투하는 내담자의 내적인 욕구에 일치감을 느끼곤 합니다. 상담자는 내담자가 자신의 개성을 온전히 표현하고, 그 안에 있는 하나님의 형상이 드러나기를 바랍니다. 우리의 자율성과 개성을 찾아가는 여정에 하나님의 사랑이 깊이 함께하고 있습니다. 우리가 타인을 돌보면서도 그들의 자율성을 존중하고 지지할 수 있다면, 하나님은 더욱 깊은 사랑으로 우리 각자의 고유함을 인정하고 품어주실 것입니다.

하지만 이는 하나님이 우상 숭배적인 자기실현을 위한 새로운 형태의 자기애를 지지한다는 뜻은 아닙니다. 하나님은 창조주를 무시하고, 이웃에게 사랑과 정의를 베풀지 않으면서 자신을 세상의 중심에 두는 자기중심적인 사람을 원하지 않으십니다. 개인의 성장과 발전이 우리 스스로가 구세주나 메시아가 되는 것을 의미하지도 않습니다. 하나님은 "너는 네 할 일을 하고, 나는 내 할 일을 하겠다"라는 식의 심리적 또는 영적 쾌락주의(Spiritual Hedonism)를 지지하지 않으십니다. 그것은 복음이 아닙니다. 오히려 하나님은 당신과의 관계 속에서 그리고 이웃에 대한 사랑과 정의 실현의 차원에서 우리의 개성을 인정하십니다. 사실 진정한 개성과 자율성의 수용은 오직 하나님을 통해서만 가능합니다. 존재의 궁극적 근원이며, 영원한 정체성을 보증하시는 하나님을 알 때 우리는 비로소 진정한 자기 자신을 발견할 수 있습니다.

기도에서의 자기 주장성(Assertiveness)과 자율성은 신앙 관련 문헌에서 좀처럼 다루어지지 않는 주제입니다. 그러나 잘 알려지지 않은 『영혼의 기도』(*The Soul of*

Prayer)의 마지막 장에서 피터 포사이스(Peter Taylor Forsyth)[8]는 끈질긴 기도에 대해 다루고 있습니다.[9] 포사이스는 끈질긴 기도의 중요성을 강조하며, 우리가 자신의 강점과 약점 모두를 가지고 하나님과 씨름하는 것이 바로 하나님의 뜻이라고 말합니다. 그는 기도 생활에서 묵종(默從), 복종(服從), 수동성이 지배적이어야 한다는 일반적 견해를 비판합니다. 예수가 겟세마네 동산에서 드린 "주님의 뜻이 이루어지소서"라는 기도는 격렬한 씨름 후에 나타나는 겸손한 순종을 보여준다고 그는 지적합니다. 예수는 처음에 고난의 잔이 자기 입술에서 떠나기를 기도하셨고, 그런 후에야 비로소 "그러나 내 원대로 마시옵고 아버지의 원대로 되기를 원하나이다"[10]라고 기도하셨습니다.

하나님은 기도 가운데 우리와 상호적인 만남을 원하십니다. 단순히 복종하거나 약한 모습만을 보이는 것이 아니라, 우리의 능력과 주장도 가지고 하나님께 나아가야 한다고 성경은 말합니다. 예수는 우리가 구하고, 찾고, 두드리기를 원하십니다. 성경에는 불의한 재판관이 불쌍한 과부의 끈질긴 요청에 결국 응하는 비유가 있습니다. 수로보니게 여인은 담대하고 분명한 태도로 예수를 찾아왔고, 그녀의 태도에 예수가 마음을 바꾼 사건도 소개되어 있습니다. 시편 기자의 애끓는 기도, 예레미야의 고백 그리고 욥의 항변은 기도에 자기주장과 힘을 담아야 한다는 것을 보여주는 구약성서의 예들입니다.

야곱이 하나님의 천사와 씨름하는 이야기는 하나님께서 우리와 격정적이고 열정 넘치는 만남을 원하신다는 것을 잘 보여줍니다. 야곱과 천사의 씨름은 야곱을 대적하려는 것이 아니라, 하나님의 사랑과 보살핌을 드러내기 위한 것이었습니다. 이 씨름은 야곱이 자신의 진정한 정체성을 발견하고, 삶의 목적을 찾도록 돕기 위한 과정이었습니다. 하나님은 단순히 야곱이 정체성을 깨달은 것을 축하하려고 그 자리에 계신 것이 아니었습니다. 오히려 야곱이 자신의 진정한 정체성을 발견하고 자신의 고유함과 자율성 그리고 자유를 향해 싸우도록 돕기 위해 그곳에 계셨습니다.

격정과 열정으로 기도 가운데 하나님과 씨름하는 것은 경쟁심이나 적대감으로 하는 것이 아닙니다. 오히려 하나님과의 씨름은 사랑을 나누며 서로를 확인하려는 두 연인의 열정적인 포옹에 비유될 수 있습니다. 단호하고 확고한 사랑의 하나님은 우리 자신의 유익뿐 아니라 우리 각자의 개성과 정체성의 자유를 위해 우리와 함께 싸우십니다. 하나님의 사랑을 그 힘차고 역동적인 모습 그대로 경험할 때, 우리는 비로소 하나님이 우리 삶을 온전히 살아내도록 우리 안에 잠재된 활력과 힘 그리고 건강한 자기표현 능력까지 끌어내고 계심을 깨닫게 됩니다.

자기주장과 자율성을 담은 기도는 이런 내용을 담을 수 있습니다. "오 하나님, 당신은 신성한 사랑이시며, 우리 안에 있는 모든 잠재력을 불러일으키십니다. 당신의 위대함은 한이 없으십니다. 당신의 넘치는 사랑의 힘은 우리가 우리의 필요와 감정을 표현하는 것이 옳은지 의심할 때조차 참된 내가 되도록 우리 안에 자유를 일깨우십니다. 당신은 연약하거나 예민한 하나님이 아니십니다. 오히려 우리의 강인함을 인정하고, 북돋아 주시는 분이십니다. 이렇게 우리와 관계하시는 하나님이심에 감사드립니다. 온전한 인간이 되어 우리의 감정을 깊이 경험할 수 있도록 이끌어주심에 감사드립니다. 우리의 모든 것을 당신께 드리게 하소서. 당신의 사랑이 우리를 온전히 받아주심을 깨닫고, 당신의 사랑 안에서 우리 능력의 깊이를 발휘할 수 있게 하소서. 아멘."

하나님은 우리가 기도 가운데 우리의 모든 능력, 자기 주장, 개성 그리고 전인격을 가지고 신성한 사랑과 만나기를 바라십니다. 그래서 우리가 생명의 삶으로 나아가도록 항상 힘쓰십니다. 특히 상담과 영적 지도와 같은 사역은 사람들이 존재 깊숙이 자리 잡은 악마적이고 자기 파괴적인 패턴에서 벗어나도록 돕는 거룩한 싸움이라고 할 수 있습니다. 이를 통해 각 개인은 자신 안에 묻혀 있던 진정한 하나님의 형상을 회복하고, 사랑 안에서 자유롭게 살아가며 하나님과 친밀하게 소통하는 삶을 살아갈 수 있게 됩니다. 이런 사역의 또 다른 부분은 사람들이 거짓 절대자에 대한 집착과 그런 우상을 향한 숭배에서 해방되도록 돕는 것입니다. 궁극적으로는 사람들이 하나님과의 소통 속에서 자유와 해방 그리고 사랑과 정의가 구현된 새로운 현실과 새로운 피조물로 살 수 있도록 돕는 것입니다.

어머니의 죽음, 감당할 수 없는 상실

하나님께서 파라오(Pharaohs)까지도 당신의 목적을 위해 사용하신 것처럼 우리는 힘겨운 상황을 통해서도 깨달음을 얻습니다. 심각한 정신 질환을 겪는 사람들을 치료하는 임상경험은 제 안에 깊이 묻혀 있던 기억들을 일깨웠습니다. 생애 첫 다섯 주 반 동안 겪었던 혼란스러운 경험 그리고 어머니의 죽음이 남긴 끔찍한 분리불안의 흔적들이 몸의 기억으로 되살아났습니다. 내담자들은 내가 어머니와 새어머니의 삶과 죽음에 대해 책임을 졌던 것처럼, 나에게도 자신들의 삶과 죽음에 대해 책임져야 한다고 압박했습니다. 그들은 나에게 점점 더 많은 것을 요구했고, 내가 진심으로 보살피고 있음을 증명하기를 바랐습니다. 하지만 결코 그들을 만족시킬 수는 없었습니다. 내담자들은 나의 내면 깊은 곳까지 파고들어 가장 깊은 상처, 치유되지 않은 내면 그리고 감정적 아킬레스건을 직면하도록 했습니다. 과도한 요구와 살인적인 분노, 절망 그리고 내가 진정으로 그들을 사랑한다면 구해줘야 한다고 도전하며 나를 시험했습니다. 나는 그들을 구하려고 했습니다. 나는 너무 자주 내담자들의 상태를 확인하며, 그들을 아이 다루듯 하고 있다는 부끄러운 사실을 마주해야 했습니다. 그들의 삶이 엉망이 될 경우, 특히 스스로 목숨을 끊을 경우, 내가 져야 할 책임이 너무나도 두려웠기 때문입니다. 나는 내가 전지전능할 뿐 아니라, 구세주이자 구원자라는 착각에 빠져 살았다는 사실을 인정해야만 했습니다. 나는 그들에게 내가 갈망했던 이상적인 엄마가 되려고 노력했던 것입니다. 어렸을 때 겪었던 유기불안[1]을 견딜 수 없었기 때문에, 나는 그들을 압도하는 버려짐에 대한 두려움 역시 치료하려고 필사적으로 노력했습니다. 그처럼 힘겨운 내담자들을 만나지 않았더라면 그리고 아내의 확고한 지지와 훌륭한 심리 상담가의 도움이 없었다면, 나는 내 삶을 지배하는 힘이 사랑과 은혜가 아니라 분리불안(Separation Anxiety)이라는 사실을 깨닫지 못했을지도 모릅니다. 그렇게 나는 영원한 부모(Eternal Parent)의 변치 않는 사랑을 향한 나의 욕구와 씨름해야만 했습니다.

대상 항상성과 하나님의 영원한 현존

인간의 마음속에는 변치 않는 사랑, 언제나 곁에 있는 사랑에 대한 깊은 갈망이 자리하고 있습니다. 특히 성장하는 아이에게 그러한 사랑은 더욱 절실합니다. 아이는 항상 곁에서 자신을 지지해 주고 의지할 수 있는 친숙하고 따뜻한 존재를 경험하고 싶어 합니다. 의존적인 유아기에는 아이의 필요에 민감하게 반응해 주고, 신뢰할 수 있는 애정으로 돌봐주며, 아이의 감정을 있는 그대로 반영해 주는 것이 중요합니다. 또한 끊임없이 긍정적인 말을 건네주고, 아이를 있는 그대로 인정해 주는 사랑을 통해, 아이는 세상에 자신을 진정으로 이해하는 존재가 있음을 느껴야 합니다. 아이의 내면 깊숙한 곳까지 공감하고 이해하는 사랑을 통해 아이는 자신 외에도 자신의 존재 가치를 알아주는 누군가가 있다는 것을 경험해야 합니다. 이는 심리학적으로 '대상 항상성'(Object Constancy)[12]이라 불리며, 영적인 관점에서는 모든 인간이 갈망하는 '영원한 사랑'에 대한 욕구로 해석될 수 있습니다.

심리하자 찰스 코헨(Charles Cohen)과 밴스 셔우드(Vance Sherwood)는 대상 항상성이 아이의 성격 형성에 핵심적 요소로 보았습니다. 대상 항상성은 아이가 엄마와 헤어졌다가 다시 만나는 경험을 반복적으로 그리고 성공적으로 경험하는 것과 관련이 있습니다. 코헨과 셔우드는 까꿍 게임에 빗대어 대상 항상성을 다음과 같이 설명합니다.

아이에게는 엄마가 꾸준히 자신의 거울 역할을 해준다는 느낌이 중요합니다. 엄마가 자신을 항상 바라봐 주고 곁에 있다는 안정감을 느끼는 아이는 독립적인 활동을 해 나갈 수 있습니다. 반면, 엄마가 항상 자신을 반영해 준다는 느낌이 부족한 아이는 독립적인 인격체로 성장하는 데 어려움을 겪으며, 엄마가 가까이 있어야만 자신의 정체성을 구축할 수 있습니다. 아이가 안정감을 느끼기 위해 엄마를 필요로 할 때 엄마가 곁에 있어 줄지 의심이 든다면, 아이는 엄마에게서 떨어지지 않으려 할 것입니다. 이런 경우, 집착적 의존성이 대상 항상성이 주는 안정감을 대체하게 됩니다. 그 결과 아이는 자신의 의지와 주도성에 따라 정체성을 형성하기보다는 타인의 시선과 평가에 의존하여 자신의 정체성을 구축하게 됩니다.[13]

아이와 엄마의 관계에서 필요한 대상 항상성은 내담자와 상담가, 영적 지도자와 지도받는 사람 그리고 개인과 하나님의 관계에서도 적용될 수 있습니다. 모든 사람은 자신이 멀리 떠나 있더라도 의지할 수 있고 안정감을 주는 신성한 부모나 신성한 어머니에 대한 본능적인 욕구를 가지고 있습니다. 그러나 우리는 종종 어린 시절 양육자로부터 경험한 대상 항상성의 결핍을 신성한 존재에게 그대로 투사하거나 전이[14]하는 경향이 있습니다.

중요한 사람이 자신을 떠날지도 모른다는 불안감이 큰 사람들은 무의식적으로 거절과 유기의 두려움을 계속 자극하는 사람을 연애 상대로 선택하는 경향이 있습니다. 이들은 직장이나 일을 선택할 때도 비난, 상실, 거절에 대한 두려움을 반복적으로 경험하게 되는 상황을 선택하는 모습을 보이기도 합니다.

사랑해 주고, 위로하며 자신을 반영해 주는 대상을 내사(Introjection)[15]하거나 내재화(Internalization)하는 능력은 정신적, 영적 건강에 필수적입니다. 우리가 고집스럽거나 반항적이고 화가 난 상태일 때도 우주의 근본적인 대상(the Basic Object, 곧 하나님)을 사랑과 공감 그리고 인정과 신뢰를 주는 안정된 현존으로 경험할 필요가 있습니다. 우리는 우주의 궁극적인 힘이 변덕스럽거나 자기애적으로 과민하지 않고, 오히려 변치 않는 사랑, 영원한 신실함 그리고 끝없는 헌신을 가진 하나님임을 믿어야 합니다. 노리치의 줄리안(Julian of Norwich)[16]은 하나님과의 관계에 대한 이러한 경험을 '끝없는 사랑으로 무한한 사랑을 받는 경험'[17]이라고 표현했습니다.

시편 139편은 하나님의 대상 항상성을 훌륭하게 보여주고 있습니다. 사랑의 하나님은 우리가 어머니의 태중에 있을 때부터 우리를 알고 계시며, 창조주 하나님은 우리의 생애 내내 우리를 알아주는 사랑(the Knowing Love), 또는 사랑하며 아는 분(the Loving Knower)으로 남아 계십니다. 이러한 하나님의 알아줌은 심리학자들이 말하는 반영(Mirroring), 반향(Echoing), 인정(Affirming) 그리고 타당화(Validating) 해주는 사랑과 같습니다.

대상 항상성과 죽음의 연결고리

대상 항상성은 내가 삶에서 이해하기 어려운 경험 중 하나였습니다. 사랑하는 사람과의 연결이 죽음으로 인해 끊어질지도 모른다는 두려움이 늘 나를 따라다녔습니다. 특히 유아기에 어머니를 잃은 사람들에게 죽음에 대한 예감은 견디기 힘든 고통일 수 있습니다. 그들은 태어나면서 어머니를 잃은 경험이 죽음과 함께 하나님을 잃는 경험으로 반복될 수 있다고 생각하기 때문입니다. 이러한 사람들은 끊임없이 질문합니다. 하나님의 돌봄이 마치 돌아가신 어머니의 사랑처럼 '사라져 버릴 사랑'인지, 아니면 로마서 8장에서 말씀하시듯 그리스도 예수 안에 있는 하나님의 사랑에서 우리를 끊을 수 없다는 ‘영원히 사라지지 않는 사랑’인지 말입니다. 하지만 그와 같은 상처를 받은 사람들은 자신이 세상에 나왔을 때처럼 고립과 버림받음의 지옥과 같은 상태를 두려워할 수 있습니다. 그들은 나처럼 이렇게 질문할 것입니다. “어쩌면 내가 이 세상을 떠날 때도 똑같은 일이 일어나는 게 아닐까요?” “왜 출구는 입구와 같지 않나요?” 내가 인생의 대부분을 버려짐과 거절에 대한 두려움에 떨며 살았던 것은 그 일이 내가 가장 취약했던 인생 초기에 일어났기 때문입니다. 그 이후로 나는 다른 사람들이 나를 거부하지 않도록 매우 열심히 노력해 왔습니다. 나는 사람들에게 거절당하지 않기 위해 그리고 하나님이 실망하여 영원히 고립되고 외로워실 최종적인 거부의 장소인 지옥으로 나를 보내지 않도록 부지런히 살았습니다. 나는 은혜와 사랑의 하나님에 대한 대상 항상성을 이해하거나 신뢰하지 못했습니다. 대신, 하나님의 태도는 정죄와 거부라고 투사하며, 결국에는 내 삶의 끝은 또 다른 버림받음의 트라우마가 될 것이라고 두려워하며 살았습니다.

스스로 벌하는 아이

　내 생존은 몇 가지 방어 전략과도 연결되어 있었고, 이는 자기 속죄 행동으로도 나타났습니다. 내가 분리불안을 경험하게 된 데에는 세 가지 요인이 있었습니다. 첫째, 친어머니의 죽음으로 인해 버림받았다는 깊은 무의식적 공포가 나의 뼛속과 신체 기억 속에 새겨졌습니다. 둘째, 어머니의 죽음이 나 때문이라고 여겼던 아버지의 나에 대한 거부감과 그로 인해 생긴 아버지와의 단절과 정서적 거리감이었습니다. 셋째, 새어머니에게 정서적 상처를 줄지도 모른다는 두려움과 나의 주 양육자이자 생명줄이었던 그녀가 견디다 못해 결국 나를 떠나버려 고아가 될지도 모른다는 두려움이 있었습니다.

　나의 속죄 전략은 새어머니와 아버지의 필요와 욕구를 예민하게 감지하는 능력을 바탕으로 구축되었습니다. 이를 통해 나는 살아남을 수 있었고, 가족의 일원이라는 소속감도 느낄 수 있었습니다. 타인의 감정을 섬세하게 포착하는 이 능력은 훗날 목회 상담가로서 큰 자산이 되었습니다. 사람들의 기대에 부응하는 것이 제 삶의 중심이었습니다. 그들이 만족하고 자랑스러워할만한 성과를 거두는 것만이 사랑을 얻고 지킬 수 있는 유일한 방법이라고 믿었습니다. 나는 우리 가족이 침묵으로 지켜온 규칙을 충실히 따랐습니다. 말해서는 안 되는 주제, 표현해서는 안 되는 감정들을 철저히 억눌렀습니다. 생존하고 인정을 받기 위해 그리고 하나님으로부터 수용 받기 위해 (혹은 최소한 지옥을 피하려고) 내 본모습의 많은 부분을 포기했습니다. 나의 운명은 오직 내 손에 달려 있다고 믿었습니다. 진정한 자아를 버린 것에 대한 은밀한 분노를 품은 채로, 나는 사랑의 사역자가 되었습니다. 사람들을 향한 하나님의 사랑과 은혜에 대해 설교하고, 가르치고, 상담하는 일련의 과정 속에서 나는 내가 원가족의 경험을 바탕으로 세상을 바라보고 있다는 것을 깨닫게 되었습니다. 그리고 바로 그것이 그리스도의 무조건적인 사랑을 믿고 받아들이는 데 가장 큰 걸림돌이 되고 있다는 것을 알게 되었습니다.

묻어두었던 감정과의 대화

1. 하나님의 변함없는 사랑과 은혜를 믿기 어렵게 만든 상처나 경험이 있습니까?

2. 어린 시절의 관계에서 받은 상처 때문에 하나님의
   무조건적 사랑을 믿기 어려운 부분이 있습니까?

3. 당신의 삶에 영향을 준 권위 인물들과의 관계는
   어떠했습니까? 지금 "나는 누구의 사람인가?"라는
   질문에 "하나님의 사랑받는 자녀"라고 답할 수 있
   습니까?

4. 예수를 통해 보여주신 하나님의 사랑 안에서 살아
   간다는 것에 대한 감사 기도를 써보시겠습니까?

내 안에
남아 있는
가족의 목소리들

침묵 속에서 배운 대화법

우리는 의사소통의 기본 방식, 가치관, 금기 사항 그리고 무엇이 허용되는지를 원가족으로부터 배우게 됩니다. 가족 내 권위 인물들이 자녀에게 소통 방식을 가르치며, 이는 학교 교사, 성직자, 의사 등을 통해 강화되거나 도전받기도 합니다. 이러한 기본 패턴은 평생 변하지 않고 지속되는 경향이 있으며, 하나님과의 소통 방식에도 그대로 적용됩니다. 원가족 안에서 형성된 소통의 기본 규칙과 역동성은 당신의 기도 생활뿐만 아니라 하나님과의 관계의 분위기에도 영향을 미칩니다. 예를 들어 클라우디아 블랙(Claudia Black)이 제시한 세 가지 가족 규칙, 즉 (1) 감정을 드러내지 말고, (2) 감정을 공유하지 말며, (3) 신뢰하지 말라'는 규칙이 지배하는 알코올 중독 가정에서 자란 아이는 하나님과 솔직하고, 개방적이며, 정서적으로 자신을 드러내는 관계를 맺는 데 어려움을 겪을 것입니다.

영적인 존재로 성장하기 위해서는 원가족과의 의사소통 패턴, 방어기제, 억제, 금지 그리고 규칙 등을 인식하고 그 영향을 인정하는 것이 필요합니다. 그래야 신성한 부모이신 하나님과 창조적으로 관계를 맺는 방법을 스스로 선택할 수 있는 내면의 자유를 누릴 수 있습니다. 진정한 영적 성장은 자신이 따르던 무의식적 소통 패턴을 넘어, 의식적이고 책임감 있는 소통 방식으로 변화하는 과정을 통해 이루어집니다. 헬무트 카이저(Hellmuth Kaiser)는 의사소통의 이중성이 정신병리학의 '보편적 증상'이며, 치유는 진실하고 정직한 의사소통을 통해 일어난다고 주장했습니다.[2]

이제 영성을 추구하는 사람이 더욱 깊은 단계에서 하나님과 연합하고 교감하며 대화를 나누기 위해 변화시켜야 할 몇 가지 기본적인 의사소통의 문제를 살펴보겠습니다.

책임 돌리기의 덫

몇 년 전, 에릭 번(Eric Berne)[3]은 미국인들이 가장 즐겨하는 심리 게임이 '만약 당신이 아니었다면'(If It Weren't for You)이라는 책임 돌리기 게임이라고 지적했습니다. 이 게임은 아담이 자신의 불순종에 대해 하나님과 하와를 탓했던 성경 이야기까지 거슬러 올라갑니다. 아담은 이렇게 말합니다. "하나님이 주셔서 나와 함께 있게 하신 여자 그가 그 나무 열매를 내게 주므로 내가 먹었나이다."[4]

자신에 대한 책임 회피는 역기능적 가족뿐 아니라, 결혼 생활에서도 주요 문제가 됩니다. 이러한 상황에서 사람들은 항상 다른 사람의 잘못을 지적하며, 자신의 불행에 대한 책임을 다른 사람에게 돌리려 합니다. "나는 이렇게 느껴요"와 같은 개방적이고 진솔한 표현 대신, "당신이 틀렸고 나빴어"와 같은 비난의 말이 사용됩니다. 이러한 표현에는 일반적으로 "너는 멍청해" 또는 "너는 나쁜 놈이야"와 같은 노골적이거나 은근한 인격 모독이 포함되어 있습니다. 커피잔이 뜨거운 것 같은 사소한 일에도 쉽게 피해 의식을 느끼고 소송을 제기하는 사회

분위기 속에서, 자신의 책임과 내면의 감정을 직면하기보다는 어려움이 생기면 남 탓을 하는 경향이 짙어지고 있습니다. 이런 책임 전가는 우리가 원하는 대로 일이 되지 않을 때 하나님을 탓하는 태도로 이어지기도 합니다. 우리는 정당한 권한과 책임을 가지고 건강하고 성숙한 태도로 사회 정의를 촉구하는 예언자적 목소리와 관계에 대해 단순히 불평하고 조종하며 비난하는 태도를 구분해야 합니다. 책임 돌리기 게임에서 드러나는 자기애적이고 자기중심적이며 파괴적인 권리 주장은 다른 사람의 눈 속에 있는 티끌을 보면서도 자기 눈 속에 있는 들보를 보지 못하는 것을 경계하신 예수의 말씀을 떠올리게 합니다.

자동화된 감정적 반응들

에드윈 프리드먼(Edwin Friedman)과 머레이 보웬(Murray Bowen)이 가족 체계 연구에서 강조한 정서 반응성(Emotional Reactivity)은 비난과 밀접한 관련이 있습니다.[5] 에드윈 프리드먼[6]이 그의 논문 "Bowen Theory and Therapy"에서 언급한 반응성이란 스트레스가 많고 상처를 주는 상황에서 충동적으로 반응하는 것을 의미합니다. 정서 반응성이 높은 사람은 다양한 사건과 상황, 타인의 말과 행동에 즉각적으로 반응하는 경향이 있습니다. 이러한 사람들은 자신의 반응을 선택할 내면의 자유가 부족합니다. 이들은 종종 자신도 모르는 사이에 다른 사람이나 외부 상황에 통제권을 내맡깁니다. 그리고 자신의 취약성과 상처, 무력감을 드러내지 않으려고 방어적으로 반응합니다. 하지만 겉보기에는 정반대로 보일 수 있습니다. 감정적으로 격하게 반응하며 분노를 터뜨리거나, 아예 침묵으로 상대를 처벌하는 모습을 보이면서 마치 강하고 모든 것을 통제하고 있는 것처럼 보이기도 합니다.

앨버트 엘리스(Albert Ellis)[7]를 비롯한 상담가들은 정서 반응성을 이해하기 위한 ABC 공식을 제안했습니다. 이 공식에 따르면, 정서적 스위치가 켜지면 개인은 생각할 겨를도 없이 자동적이고 방어적으로 반응하게 됩니다.

ABC 공식에서
- A는 정서를 자극한 사건이나 화를 불러일으킨 원인을 나타냅니다.

- B는 정서를 자극한 사건이나 화나게 하는 상황에 개
  인이 부여하는 믿음 또는 투사된 의미를 가리킵니다.
- C는 정서를 자극한 사건에 대한 결과나 정서적 반응
  을 의미합니다.[8]

대부분의 사람들은 B에서 멈추거나 B를 인식하지 못
한 채 A에서 C로 이동하는 경향이 있습니다. 다시 말해,
사람들은 일반적으로 감정을 자극한 사건의 의미를 순간
적으로 해석하는 빠른 사고 과정이 존재한다는 사실을 인
식하지 못합니다. 따라서 자신의 감정적 스위치를 누르는
상황이나 사람에 대해 신중하게 대응하는 대신, 즉각적으
로 반응하게 됩니다.

스티븐 코비(Stephen Covey)는 정서 반응성에서 벗어나
성숙한 주도성(Proactivity)을 갖는 것이 중요하다고 강조했
습니다. 이는 인간으로서 우리가 스스로의 삶에 대해 책임져
야 한다는 것을 의미합니다. 책임(Responsibility)이라는 단어
를 살펴보면 '대응할 수 있는 능력'(Response-Ability), 즉 자
신의 대응 방식을 선택할 수 있는 능력을 뜻합니다. 높은 주
도성을 가진 사람들은 이러한 책임을 인식하고, 상황, 환경
또는 주어진 조건을 자신의 행동에 대한 변명으로 삼지 않습

니다. 이들의 행동은 조건에 기반한 정서 반응이 아니라, 가치에 기반한 의식적인 선택의 결과물이기 때문입니다.[9]

충동적으로 반응하기보다는 반응을 선택할 수 있는 내면의 감정적 공간을 확보하는 것이 중요합니다. 이를 위해 우리는 우리의 호흡에 집중하거나 열까지 세는 방법, 기도, 혹은 다른 이완 방법을 사용할 수 있습니다. 이렇게 함으로써 우리는 감정적 스위치에 대한 통제력을 되찾게 됩니다. 또한, 힘겨운 상황에서도 신성한 사랑과 연결된 성숙하고 주체적인 자아가 능동적으로 기능할 수 있는 자유를 확보할 수 있습니다.

고슴도치 가족의 두 얼굴

가족뿐만 아니라 주변 사람들도 우리가 진정한 감정을 느끼고 솔직하게 표현하는 것을 어렵게 만들 때가 있습니다. 때로는 의도적으로 가르치기도 하고, 때로는 무의식적으로 자신들의 행동을 통해 본보기가 되기도 합니다. 그리고 이렇게 학습된 경험들은 우리로 하여금 스스로를 방어하고 진정한 자신을 숨기는 다양한 방법들을 배우게 만듭니다. 이러한 방어 전략은 종종 궁극적 실재와의 소통 패턴에도 그대로 반영됩니다. 이러한 방어 패턴의 배후에는 대개 부적절함, 두려움, 상처, 죄책감, 무력감, 슬픔 등의 감정이 자리하고 있습니다. 사람들은 자신의 취약성을 보호하기 위해 상처받지 않은 척 행동합니다. 우리는 자주 솔직한 자신의 감정과 생각을 드러내는 것을 두려워하며, 다른 사람들이 우리의 진솔한 모습을 따뜻하게 받아들이고 이해해 줄 것이라고 믿지 못합니다.

일부 가족에서는 권위 인물 중 한 명 이상이 상처, 실망, 갈등에 대처하기 위해 침묵을 방어적으로 사용하는 경우가 있습니다. 이러한 사람들은 개방적인 의사소통을 피하고, 침묵이 흐르는 분위기가 주는 상당한 조종 능력을 활용하여 다른 사람의 태만과 실수를 부풀려서 마치 '용서할 수 없는 죄'인 것처럼 처벌하려 합니다. 어떤 가정에서는 상처가 되는 일이나 갈등이 있을 때, "다시는 그(또는 그녀)와 말하지 않을 거야"라는 말이 쓰이곤 하는데, 이 말은 여러 세대에 걸쳐 반복되는 주요 패턴이 되기도 합니다. 몇몇 가정에서는 침묵을 사용하는 사람이 마치 영적인 축복을 받은 순교자나 희생자처럼 행세하며, 거짓된 분위기를 조성하기도 합니다. 영성 연구자

인 캘리포니아 심리학자 에버렛 쇼스트롬(Everett Shostrom)
의 심리적 조종을 하는 사람들에 관한 연구가 보여주듯
이, 침울한 모습의 순교자나 변덕스러운 기분을 드러내
는 피해자는 가족 내에서뿐만 아니라 조직 내에서도 큰
영향력을 발휘합니다.[10] 예를 들어 그들은 "내 마음에 들
지 않으면 교회를 떠나겠고, 지금까지의 헌신 약속도 없
던 일로 하겠다"고 말합니다. 겉으로는 약자처럼 보이지
만, 이러한 사람들은 종종 조직 내에서 다른 사람을 압도
하고 최종 권력을 쥐며, 다른 사람의 죄책감을 이용하기
도 합니다. 이러한 통제적인 침묵은 소통을 차단하고 상
대를 처벌하며, 용서와 상호 화해의 길도 막습니다. 이는
제단에 예물을 가지고 오기 전에 형제자매와 화해하고
평화를 이루라고 말한 예수의 권고와는 매우 상반되는
것입니다. 이러한 패턴에서 순교자는 최종적인 판결자
역할을 하며, 소위 피해자의 기대에 부응하지 않는 사람
들을 처벌하고 정죄할 권한을 갖게 됩니다. 실제로는 피
해자 역할을 하는 사람이 수동적인 공격 방식으로 가해
자 역할을 하고 있는 것입니다.

가족 상담가 돈 윌리엄슨(Don Williamson)은 '툴툴대
는 순교자' 유형의 사람들을 대할 때, 우리가 주도적인

힘을 유지하는 데 유용한 기법을 제안합니다. 그는 상황의 진실을 긍정적이고 건설적인 방식으로 표현할 수 있는 성숙한 표현을 찾을 것을 권합니다. 이러한 표현을 통해 당신이 상대방의 조종에 휘둘리지 않는다는 것을 드러낼 수 있어야 합니다. 예를 들어, 한 가족의 가부장적인 할아버지가 아들 가족이 평소와는 다르게 추수감사절 때 찾아오지 못한다는 사실에 몹시 섭섭해하고 있다고 가정해 봅시다. 사실 아들 가족이 오지 못하게 된 이유는 고등학교 밴드부에 속한 손녀가 추수감사절 미식축구 경기에서 연주해야 했기 때문이었습니다. 아들은 아버지에게 전화를 걸어서 "아버지, 우리 모두 아버지를 사랑해요. 추수감사절에 누군가를 찾아뵐 수 있다면, 그건 분명 아버지일 거예요"[11]라고 말하며 아버지를 안심시켰습니다.

'도피(Flight) 또는 투쟁(Fight)' 반응이라고 부르는 방어기제는 사람들이 분노, 비판 그리고 '고슴도치 가시'와 같은 보호 장치를 통해 다른 사람을 통제하려고 할 때 나타납니다. 방어적인 사람들은 분노를 표출하거나 위협적인 태도를 통해 관계를 지배하려는 경향이 있습니다. 이들은 명령조의 말투와 괴롭힘을 통해 타인의 의사결정, 생각 그리고 감정 및 욕구 표현을 통제하려고 합니다. 또한 분노를 무기처럼 사용하여 자신을 보호함으로써, 어떤 상처도 받지 않으려고 합니다. 이러한 사람들은 종종 다른 사람의 가치와 정체성을 공격하는 진흙탕 싸움을 벌이기도 합니다. 그러나 더 깊이 들여다보면 이처럼 말싸움을 즐기고, 지배적 힘을 유지하려는 사람들은 마치 고슴도치가 부드러운 속살을 보호하기 위해 가시를 사용하는 것처럼 자신의 연약한 감정의 속살을 보호하려 한다는 것을 알 수 있습니다. 이들은 자신의 민감성, 상처, 실망감, 슬픔, 두려움, 불안감, 부적절함 등을 숨기고, 방어적인 과잉 독립성(Defensive Hyperindependence) 뒤에 자신의 취약성과 의존 욕구를 숨기는 역-의존적(Counterdependent) 성향의 사람들과 유사합니다.

방어적인 태도를 취하는 부모 밑에서 자라 성인이 된 자녀들은 부모의 여리고 상처받기 쉬운 내면 아이와 연결될 필요가 있습니다. 때로는 상상을 통해서라도 말이죠. 이를 통해 자녀는 강력하고 통제적인 부모를 비신화화할 수 있을 뿐만 아니라, 그 과정에서 부모를 한 인간으로 이해할 수 있습니다. 또한 부모의 방어적인 투쟁 방식을 무의식적으로 따라 하지 않도록 스스로를 지킬 수 있습니다. 이런 환경에서 자란 아이들은 세상에는 오직 '억압하는 자'와 '억압받는 자' 두 가지 역할만 존재한다고 믿는 경향이 강합니다. 이러한 제한된 선택지만을 보고 자란 아이 중 일부는 "엄마처럼 아빠에게 굴복하며 살지 않겠어"라고 다짐하며 성장합니다. 그 결과, 그들은 공격적인 인물과 자신을 동일시[12]하며, 진정한 영적 삶을 키워나가는 데 필수적인 부드러운 감정들을 억눌러 버리는 경우가 많습니다. 영적 여정에서 우리는 타인뿐 아니라 신성한 존재와의 신뢰 관계를 구축해야 하며, 우리가 경험하는 근본적인 감정과 욕구의 본질을 자신과 타인에게 진실하게 드러낼 수 있어야 합니다.

진실을 솔직하게 말하지 않기 위해 사용되는 또 다른 방어 전략은 신체화입니다. 신체화는 감정적 진실을 몸으로 표출하는 것을 의미합니다. 마음과 몸 그리고 영혼 사이의 상호작용에 대한 이해가 깊어지면서 표현되지 않은 많은 감정이 몸을 통해 드러난다는 사실이 밝혀졌습니다. 연구에 따르면, 억눌린 슬픔과 억압된 분노가 적어도 일부 질병의 원인이 될 수 있다는 사실이 드러났습니다. 마치 한 사람의 존재 자체가 내면의 진실을 표현하기 위해 외치는 것처럼, 말로 표현하는 것이 안전하지 않을 때 마음은 억압된 진실을 드러내기 위해 특정 신체 기관이나 특정 질병을 선택하게 됩니다. 그러나 몸이 숨겨진 진실을 드러내는 데는 종종 큰 대가가 따릅니다. 어린 시절, 자기 생각을 말하려다가 벌을 받았다면, 나중에는 말로 표현할 수 없는 것을 몸이 대신 드러내려는 과정에서 통증이나 수술, 혹은 고통과 같은 대가를 치를 수도 있습니다. 따라서 억압된 진실을 표현하려는 몸의 언어에 귀를 기울이는 것이 중요합니다. 또한 친구, 신앙 공동체, 상담가 또는 영적 멘토 등 '두 번째 가족'과의 관계 속에서 자신의 진실을 표현할 수 있는 안전하고 수용적인 환경을 마련하는 것도 중요합니다. 이러한 환경은 신체적 질병이나 잦은 사고와 같은 대가를 치르지 않고도 자신의 진실을 표현할 수 있도록 돕습니다.

방어적 의사소통의 또 다른 방식은 행동화입니다. 이는 말로 표현하기 어려운 감정을 행동으로 드러내는 것을 의미합니다. 만약 가족이 구성원에게 '부정적'으로 여겨질 수 있는 감정 표현을 허용하지 않는다면, 그 구성원은 억눌린 생각과 감정을 표현할 다른 방법을 찾게 됩니다. 이때, 드러낼 수 없었던 감정은 그 감정을 통제하려 했던 사람에게 상처를 줄 수 있는 행동으로 표출되기도 합니다. 예를 들어 한 배우자가 결혼 관계에서 불성실한 모습을 보인다면, 이는 말로 표현하지 못한 상처, 실망감, 분노 등을 잘못된 방식으로 전달하려는 것일 수 있습니다. 억눌렸다고 느끼는 청소년은 '밖에서는 못되게, 하지만 집 안에서는 착하게' 행동할 수 있습니다. 자녀나 배우자를 잃은 교인의 경우, 교회를 떠나 종교와 더 이상 아무런 관련을 맺지 않으려 할 수도 있습니다. 이때 행동이 곧 메시지이며, 메시지를 받은 사람은 대개 그 행동에 담긴 적대적인 의미를 경험하게 됩니다. 극단적인 예로, 자신을 방치하고 무시하거나 공개적으로 거부한 가족에게 상처와 분노를 표현하기 위해 자살을 생각한 여성 내담자가 있었습니다. 그녀는 가족들이 자신이 누워 있는 관을 지나며, 그녀를 얼마나 학대했는지 뼈저리게 느끼기를 상상했습니다. 그녀는 가족들이 느낄 죄책감과 정서적 고통에 대해 일종의 만족감을 드러냈습니다. 나는 그녀에게 "당신도 아시다시피, 당신은 거기에서 실제로 그들의 후회를 직접 느끼며 즐길 수는 없을 겁니다"라고 지적했습니다. 그러한 현실에 놀라 그녀는 상처와 분노를 자살 행동으로 옮기는 것을 다시 생각하게 되었습니다.

사람들은 자신의 필요와 생각 그리고 감정을 하나님께 직접 표현하기보다는 반항적인 행동을 통해 간접적으로 드러내는 경우가 있습니다. 이는 영원한 사랑이신 하나님과의 진솔한 소통을 피하려는 시도로 볼 수 있습니다. 마치 사랑을 줘야만 했던 원가족이 그들에게 적극적으로 반응하지 않았던 것처럼, 하나님 역시 자신을 보살피거나 자신에게 귀 기울이며 응답하지 않을 것이라고 믿기 때문입니다.

사람들은 소통 과정에서 각자의 관점으로 타인과 사건을 바라본다는 점을 기억해야 합니다. 예를 들어 가족 내에서 형제자매가 부모를 다소 다르게 인식하는 건 흔한 일입니다. 어떤 사람들은 출생 순서나 가정 환경, 형제자매 간의 성격 차이로 인해 같은 부모라도 정서적으로는 다르게 경험한다고 말하기도 합니다. 부부 관계에서는 흔히 "서로 다른 여섯 개의 자기"가 상호 작용한다고 말합니다. 결혼 생활에서 자기란 (1) 실제 아내의 모습, (2) 남편 눈에 비친 아내의 모습, (3) 아내 자신이 생각하는 자신의 모습, (4) 실제 남편의 모습, (5) 아내 눈에 비친 남편의 모습, (6) 남편 자신이 생각하는 자신의 모습을 말합니다. 우리는 항상 자신이 생각하는 상대방의 이미지를 바탕으로 소통합니다. 웨인주립대학의 정신과 의사였던 도시(Dorsey) 박사는 사람을 대할 때 항상 '나의 케네

디(Kennedy) 대통령’, ‘나의 캐서린 헵번(Katherine Hepburn)’ 등으로 지칭했습니다. 이는 그 사람에 대한 자신의 주관적인 인식과 실제 모습을 명확히 구분하기 위함이었습니다. 『아이들을 위한 프로이트』(*A Child's Guide to Freud*)에 실린 한 삽화에는 아버지에게 화가 난 소년이 신문지에 아버지를 용으로 그려놓고 “우리 아버지는 용이에요”라는 말풍선을 달아 놓은 장면이 있습니다. 이 소년이 용 그림을 들고 아버지에게 가서 그림을 아버지 머리 옆에 대어 봅니다. 그때 그 소년은 비로소 그림 속 무서운 용과 진짜 아버지가 완전히 다르다는 사실을 알게 됩니다.[13]

비슷한 방식으로 하나님에 대한 우리의 인식도 왜곡될 수 있습니다. 로버트 루엘린(Robert Llewellyn)이 쓴 것처럼 “하나님에 대한 우리의 왜곡된 이미지가 바로잡혀야 진정한 기도가 가능합니다.”[14] 우리의 진짜 모습과 상대방의 진짜 모습이 최대한 많이 만나고 소통하는 것이 중요합니다.

사람들의 정서적 중심에는 연약하고 취약한 진짜 감정이 자리하고 있습니다. 그러나 방어적인 소통 방식이나 자기 자신과 상대방에 대한 잘못된 생각 때문에 솔직하고 진실한 대화가 막히는 경우가 너무 많습니다.

취약한 마음을 가진 사람들 사이에서는 진정한 소통이 매우 드물게 일어납니다. 사람들은 자신의 취약한 부분을 보호하기 위해 방어적인 태도를 취하거나, 상대방 혹은 자신에 대한 오해를 가질 수 있는데, 이러한 방어기제와 오해는 진솔한 소통을 방해하는 주요 요인입니다. 마찬가지로 사람들은 이러한 패턴과 잘못된 이미지를 신과의 관계에 전이해서 진정한 소통을 어렵게 만들기도 합니다. C. S. 루이스(C. S. Lewis)[15]는 "내가 말하는 상대가 진짜 당신이고, 말하고 있는 내가 진짜 나이기를 바란다"라는 말로 인간과 하나님 사이의 소통에서 생기는 어려움을 표현했습니다.

연약하고 취약한 우리 내면에 자리 잡은 상처, 두려움, 분노, 죄책감 그리고 사랑과 같은 진짜 감정들은 하나님, 타인 그리고 자기 자신과의 관계에서 우리가 영적으로 성장하는 데 중요한 자원이 될 수 있습니다.

상처는 가장 먼저 다뤄져야 하는 감정으로 여기에는 실망감, 슬픔, 상실감, 애도 등이 포함됩니다. 이러한 감정은 모든 친밀한 인간관계에서 자연스럽게 생겨나는 요소입니다. 흔히 애도는 우리가 아끼는 사람들에게 작별을 고하는 사랑의 방식이라고 말합니다. 또한 사랑하는 사람을 향해 마음을 열 때 우리는 그들로 인해 상처받기 쉬운 상태가 됩니다. 우리는 이러한 취약함과 실망 그리고 상처로부터 자신을 보호하고 방어하기 위한 여러 가지 방법을 가지고 있습니다.

사랑하는 사람이 당신을 실망하게 했을 때, 당신이 그 상처에 어떻게 대처하는지 잠시 생각해 보시기 바랍니다. 당신의 취약성을 보호하기 위해 어떤 방어적인 의사소통 방법을 사용하고 있습니까? 혹시 상처를 감추기 위해 삐치거나 물러서지는 않습니까? 아니면 상처를 준 사람에게 복수하기 위해 침묵으로 대응하고 있지는 않습니까? 자신의 상처와 마주하지 않은 채로 분노와 비난을 퍼부으며 자신을 실망시킨 상대에게 보복하거나 공격적으로 나올 수도 있습니다. 때로는 상처받은 감정을 속으로 삭이며 우울해하거나, 슬픔이라는 감정을 신체적 증상으로 바꾸기도 합니다. 상처를 다른 표현이나 반응으로 전환하는 대신, 그 상처를 있는 그대로 인식하고, 확실하면서도 직접적인 방식으로 표현하는 것이 얼마나 어려운 일인지 모릅니다. 느낀 슬픔은 슬픔으로, 받은 상처는 상처 그대로 솔직하게 표현하는 것은 성숙한 소통을 익혀가는 데 심리적으로나 영적으로 중요한 과정입니다.

지난 수십 년 동안 심리학계는 예수의 "애통하는 자는 복이 있나니 그들이 위로를 받을 것임이요"[16]라는 말씀의 심오한 의미를 다시 확인할 수 있었습니다. 상처와 애통스러움을 인정하고 직접적으로 표현하는 일은 성숙한 의사소통의 기회를 제공하며, 위로와 치유 그리고 화해의 관계로 나아갈 수 있도록 돕습니다. 모든 상황을 통제하고 상처받지 않으려 하면서 방어적 태도를 강하게 보이는 사람들이 있습니다. 이들에게는 아픔과 상처의 감정을 인정하고, 솔직하게 표현하는 것 자체가 힘든 일일 수 있습니다. 그러나 연구에 따르면, 예수의 말씀처럼 애통해함을 통해 치유와 위로를 얻게 된다는 이 중요한 원리를 실천하는 것이 마음과 몸 건강에 훨씬 유익합니다.

슬픔과 실망감을 인식하고 표현하는 방식은 대개 원가족에서 비롯된 규칙과 원칙에 의해 결정됩니다. 그리고 원가족으로부터 학습된 표현 방식은 일반적으로 하나님과의 상호작용에도 그대로 전이됩니다. 따라서 인간관계에서 슬픔이 억압되고 부정되었다면, 기도를 통해 하나님과 소통할 때도 우리는 우리의 슬픔을 숨기고 가리게 될 것입니다. 상처받은 감정을 이용하는 '순교자'

유형 사람들의 조종 행위에 대해서도 주의해야 한다는 점을 덧붙이고 싶습니다. 이들은 타인의 죄책감을 자극하여 자신의 의견을 관철하려는 경향이 있습니다. 이런 사람들은 에릭 번(Eric Berne)이 '불쌍하고 거절당한 나'라고 명명한 성숙하지 못한 방법을 사용하며, 이를 통해 슬픔과 상처에 대한 진정한 표현을 왜곡시켜버립니다.

두려움에는 겁먹음, 불안함, 무력감 그리고 스스로 부족하다고 느끼는 경험 등이 포함됩니다. 특히 남성들은 가족과 사회로부터 이러한 두려움, 불안감, 부족함을 밖으로 드러내지 말아야 한다고 배우게 됩니다. 남자답지 못하고, 나약해서 이러한 정서적 경험을 한다고 여기기 때문입니다. 따라서 사람들은 두려움과 외로움을 내면에서 실제로 느끼면서도 겉으로는 흔들리지 않고 견고한 바위(Rock of Gibraltar)처럼 행동합니다. 대인 관계에서 두려움은 종종 비난과 분노라는 방어기제를 통해 숨겨집니다. 사람들은 두려움과 불안함을 숨기기 위해 자신은 옳고, 안전하며, 강하다는 과잉 보상된 모습을 보이기도 합니다. 자신의 부족함을 드러내지 않으려는 이러한 방어적인 태도는 마치 설교 원고 여백에 "약한 부분에서 강단을 더 세게 두들겨"라고 적는 설교자의 모습과 유사합니다. 인생에서 겪게 되는 고난 속에서 자신의 두려움, 부족함, 무력감을 솔직하게 직면하는 데는 많은 용기가 필요합니다. 그러나 친밀한 관계 속에서 당신의 두려움과 불안감을 드러내고, 상대가 이를 조롱하지 않고 받아들인다면, 이는 사랑의 유대를 더욱 깊게 만드는 중요한 경험이 될 것입니다. 친밀한 관계에서 상대방의 불안과 두려움을 함께 나누는 경험은 관계를 더욱 깊고 단단하게 만듭니다. 당신이 느꼈던 불안감과 두려움 그리고 그러한 감정들을 표현했던 경험은 분명 당신의 기도 생활에 영향을 미칩니다. 기도의 진정한 목적은 당신의 두려움과 부족함에 대해 하나님과 깊이 나누지 못하게 하는 모든 억압적 규칙과 원칙을 초월하는 데 있습니다.

많은 영적인 사람들에게 분노는 사람들과의 관계는 물론 하나님과의 관계에서도 다루기 힘든 감정 중 하나입니다. 분노는 종종 원가족으로부터 온 억압적인 금지 명령들로 인해 왜곡되며, 이는 종교적 진리로 위장되기도 합니다. "분을 내어도 죄를 짓지 말며 해가 지도록 분을 품지 말고"[17]라는 성경 구절이 가족 내에서 "화를 내서는 안 돼"라는 왜곡된 해석으로 전해져, 분노에 대한 개인의 신념 체계를 형성했을 수 있습니다. 사람들은 자신의 분노를 알맞게 표현하는 적절한 지침을 얻지 못한 경우가 많습니다. 분노를 표현하는 방식에서 그런 감정을 아예 드러내지 말라는 억압적인 교육을 받았거나, 아니면 충동적이고 폭력적으로 화를 내는 방법을 배웠을 수도 있습니다. 그러나 분노를 단순히 내면으로 억누르는 것 또한 위험합니다. 분노는 내면에서 원한의 감정 덩어리가 되어 곪아 터질 수 있기 때문에, 무작정 말과 행동으로 표출하는 방식만큼이나 파괴적일 수 있습니다. 윌리엄 블레이크(William Blake)는 그의 시 「독 나무」(*A Poison Tree*)에서 분노의 적절한 처리와 해소에 대한 기본 원칙을 밝혔습니다.

… 나는 친구에게 화가 났다오.
나는 내 분노에 대해 말해주었고, 그 분노는 사라졌다오.
나는 적에게 화가 났다오.
나는 분노에 대해 말하지 않았고, 그 분노는 더 커졌다오.

분노를 적절히 해소할 방법을 찾고 말, 행동 그리고 환상을 통해 창의적으로 그 감정을 발산하는 것은 발전적인 관계를 이루는 데 있어 중요한 과정입니다. 성경

속 욥, 예레미야, 시편 기자들은 하나님께 분노를 표출한 대표적인 예입니다. 그들은 창조주에게 솔직하게 항의할 수 있을 만큼 충분한 안정감을 느꼈습니다.

최근 들어 일부 상담가들은 격한 분노가 타인에게 지나치게 절대적인 요구를 하는 데서 비롯된다고 지적합니다. 이러한 요구는 타인이 우리가 바라는 대로, 때로는 우리의 오만하고 완벽주의적인 기대에 맞춰 행동하기를 강요하는 것입니다. 그들은 프랑수아 페넬론(François Fénelon)[18]이 수 세기 전에 말한 "분노는 자존심의 딸"이라는 말의 의미를 재발견했습니다.[19] 중요한 타인에게 화를 내는 사람의 내면에는 "내가 너에게 화를 내는 이유는 네가 내가 원하는 모습이 아니기 때문이야. 내가 원하는 대로 행동하지 않으면, 내 기대에 맞게 행동을 바꿀 때까지 나는 너에게 화를 낼 것이고, 그건 정당해"라는 것입니다. 우리는 타인의 불완전함과 그들의 옳지 않은 행동에 초점을 맞추어 자신의 분노를 정당화하려고 합니다. 하지만 이런 태도보다는 다른 사람들이 반드시 우리의 오만한 요구에 따라야 한다는 생각, 즉 우리 자신의 '해야 한다'와 '반드시 해야 한다'라는 가정에 도전하기 위해 자기 내면을 들여다볼 필요가 있습니다. 타인이 어떠어떠해야 한다는 우리 자신의 가정을 성찰하는 것은 분노를 유발하는 신념 체계를 변화시키는 데 중요한 과정이 될 수 있습니다.

분노는 다른 많은 감정을 방어하는 데 사용될 수 있습니다. 예를 들어 사람들은 두려움, 부적절함, 불안감, 슬픔, 무력감을 느낄 때 분노를 표출함으로써 자신의 취약함을 숨기려 합니다. 감정적 진실을 경험하고 표현하는 것을 피하기 위해 분노를 사용하는 사람은 숨겨진 감정을 확인하고 표현할 수 있는 용기뿐 아니라 안전한 관계를 찾아야 합니다. 대인 관계에서 상대방의 태도나 행동을 바꿀 수 없다는 무력감과 슬픔으로 인해 자주 분노하는 사람들이 있습니다. 이러한 사람들은 분노를 느끼면서 동시에 공격적인 방식으로 상대방을 바꾸려고 끊임없이 노력합니다. 이와 같은 방어적인 분노를 느끼는 사람은 상대방에게 통제권을 넘겨주며, 암묵적으로 다음과 같은 메시지를 전달하게 됩니다. "네가 지금의 행동을 멈추기 전까지 나는 괜찮다고 느끼거나, 안전하다고 느낄 수 없어. 나는 내 자신의 감정 상태를 통제할 수 없고, 오직 네게만 반응할 수 있어. 따라서 네가 변해야 내가 자제력과 정서적 안정감을 되찾을 수 있어."

죄책감에 대한 의미는 사람마다 다양할 수 있습니다. 정신 건강 분야에 종사하는 사람 중 일부는 모든 죄책감을 나쁜 감정으로 분류합니다. 그 이유는 권위 인물이 유발한 죄책감과 수치심이 많은 내담자에게 감정적인 고통과 상처를 안겨준다고 여기기 때문입니다.

하지만 다른 전문가들은 건강하지 않고 미성숙한 '거짓된 죄책감'과 성숙하고 책임감 있는 '진실한 죄책감'을 구별해야 한다고 말합니다. 진실한 죄책감은 정서적 성장뿐 아니라, 영적 성장과 발전에 유익하게 활용될 수 있습니다. 거짓 죄책감은 마치 신적인 판단과 궁극적인 정의를 가진 것처럼 행동하는 거짓된 권위 인물들로부터 비롯됩니다. 이러한 거짓 권위 인물들은 주변 사람들에게 죄책감을 유발하여 그들을 조종하고, 행동을 통제하려고 합니다. 이러한 거짓되고 건강하지 않은 죄책감은 거짓 권위에 대한 도전뿐 아니라, 거짓 권위로 인해 고통받은 사람들에 의한 혁명을 필요로 합니다. 반면에 "내가 주께만 죄지어"(Against Thee, Thee Only, Have I Sinned)[20]라는 말씀처럼, 진실한 죄책감은 우리로 하여금 창조주이자 구원자이신 분과의 관계에서 스스로의 실패와 결점을 정직하게 인정하고 용서와 치유를 구하게 합니다. 성장을 위한 자기성찰과 자신의 행동에 책임을 질 때, 변화와 변혁이 일어날 수 있습니다. 승복과 회개의 진리를 깨달아 옛 자기의 파괴적인 방식에서 벗어나려는 결단이 필요합니다. 이는 새로운 창조 세계에서 살고자 하는 새로운 자아가 활력과 생명을 회복하는 데 결정적인 역할을 합니다. 진실된 죄책감과 거짓 죄책감에 관한 훌륭한 논의를 찾는다면, 폴 투르니에(Paul Tournier)[21]의 『죄책감과 은혜』(*Guilt and Grace*)[22]를 참고하시기를 바랍니다. 죄책감은 종종 다른 사람에게 비난을 투사하거나, 여러 방어 전략을 통해 이를 숨김으로써 은폐됩니다. 때로는 죄책감이 몸속으로 스며들어 신체적 증상으로 나타나기도 합니다. 이는 스스로를 처벌하기 위해 어떤 식으로든 신체를 무력화시키려는 것입니다. 죄책감의 복잡성에 직면한 사람들은 자신을 인정하고 수용해 주는 관계 속에서 죄책감을 고백할 수 있도록 격려받아야 합니다. 죄책감은 독과 같아서 그 손상을 치유하기 위해서는 용서와 은혜가 필요합니다.

사랑은 가장 쉽게 알아보고 공유할 수 있는 감정처럼 보입니다. 하지만 소위 친밀한 관계에서도 배려, 따뜻함, 다정함 등은 특별하면서도 진정성 있게 전해지지 않는 경우가 놀라울 만큼 자주 있습니다. 사랑으로 시작한 결혼 생활에서 많은 부부가 친밀감 대신 거리감이나 심지어 적대감까지 느끼는 경우가 많다는 사실은 참으로 안타까운 일입니다.

많은 사람이 사랑 표현에 어려움을 느끼는 이유는 가장 사랑받아야 할 사람들로부터 정서적인 상처를 받았기 때문일 수 있습니다. 학대, 정신적 외상, 방임 그리고 버림받은 경험은 가족 간에 형성되어야 하는 중요한 사랑 관계에 깊은 영향을 미칩니다. 이러한 사람들은 또다시 상처받을까 봐 두려워서 마음을 열거나 배려하는 행동을 하기를 꺼릴 수 있습니다. 에리히 프롬(Erich Fromm)[23]은 사람들이 사랑받지 못할까 봐 두려워하지만 사실 더 근본적으로는 사랑하는 것 자체에 대한 두려움을 무의식중에 느낀다고 말했습니다.[24] 에이브러햄 매슬로우(Abraham H. Maslow)[25]와 벨라 미틀만(Bela Mittleman)은 사랑을 "방어를 낮추고, 상처받을 취약성에 자신을 내맡기는 행위"로 정의했습니다.[26] 이처럼 사랑하고 상처받을 가능성을 감수하는 용기는 가학적 취향과 혼동되어서는 안 되며, 오히려 타인을 향한 건강한 돌봄으로 이해되어야 합니다. 우리가 사랑하는 마음으로 다가가더라도, 가장 가까운 부부나 가족, 친구 사이에서조차 내가 준 사랑이 반드시 보답받는다는 보장은 없습니다. 사랑은 항상 위험을 수반하기 때문에 어쩌면 사랑은 내면의 십자가인지도 모릅니다. 어떤 사람들은 자신이 보여준 사랑이 항상 되돌아오기를 기대합니다. 그리고 예수가 제자들과 가졌던 가장 친밀한 관계에서 겪어야만 했던 것들, 즉 부인과 배신의 가능성에 결코 직면하지 않게 되기를 바랍니다. 친밀한 관계에서 너무 많은 상처와 거절을 경험하게 되면, 우리는 다시 상처받을 가능성이 있는 사랑의 관계로부터 스스로를 지키기 위해 방어벽을 쌓는 경향이 있습니다. 그러나 우리가 인생 전반에 걸쳐 건설적인 관계를 구축하려면, 갈등과 상처의 가능성을 감수해야 합니다. 우리 마음 깊은 곳의 연약함에서 우러나는 따뜻함으로 다른 사람을 돌보고 다가갈 용기를 키워야 합니다. 기독교인에게 있어 이러한 돌봄의 모습은 예수 그리스도를 통해 보여주신 하나님의 사랑에서 드러나며, 심지어 예수가 십자가에서 겪은 거절의 경험 속에서도 볼 수 있습니다. 그러나 결과적으로 신성한 사랑이 승리했습니다. 성경은 우리를 향한 하나님의 주도적인 사랑뿐 아니라, 우리가 하나님, 이웃 그리고 자신에게 사랑으로 응답해야 함을 매우 분명하게 말하고 있습니다.

데이비드 제이콥슨(David Jacobsen)은 『기도의 명료함』(*Clarity in Prayer*) 에필로그[27]에서 사랑과 소통 그리고 기도의 관계를 다음과 같이 설명합니다. 이보다 더 훌륭하게 표현하기는 어려울 것 같습니다.

기도는 사랑에 뿌리를 두고 있습니다.

기도의 경험은 곧 사랑의 경험입니다.

기도는 사랑 그 자체이신 하나님과 더욱 가까워지는 방법입니다.

기도는 사랑입니다. 사랑은 기도입니다.

우리가 삶에서 갈망하는 건 하나님이 계신다는 그리고 그분이 사랑이라는 확신입니다.

이것을 머리로 알거나 믿음으로 간직하는 것도 중요하지만 그것만으로는 충분하지 않습니다.

우리가 기도를 경험할 때 우리는 그 확신을 체험하게 됩니다.

그 경험은 그 확신을 온전히 깨닫는 길로 우리를 이끌어 줍니다.

기도를 통한 소통을 더 많이 경험할수록, 친밀감은 더욱 깊어집니다.

우리 인생의 주된 목적은 "하나님을 알고 그분을 영원히 누리는 것"입니다. 이것이 바로 옛 교리문답이 말하는 바입니다.

우리는 기도를 통해 '하나님을 알게' 됩니다. 친밀감은 그 경험에서 비롯됩니다.

'하나님을 안다는 것'은 곧 하나님을 누린다는 것입니다. 하나님을 진정으로 안다는 것은 그분의 사랑을 경험하는 것입니다.

기도하지 않아도 하나님은 여전히 당신을 사랑하십니다. 기도는 우리에게 하나님과 더 깊은 친밀함을 경험할 수 있게 하는 은혜의 선물입니다. 이 친밀함은 하나님께서 이미 우리에게 주신 사랑을 경험하는 것입니다. 그것은 고귀한 특권입니다.

뿌리와 날개의 균형

사람들은 평생 동안 소속감과 유대감을 느끼게 해주는 동시에 독립성과 자율성을 존중해 주는 근본적인 사랑의 관계를 갈망합니다. "현명한 부모는 자녀에게 뿌리와 날개, 이 두 가지만 줄 수 있다"라는 이 유명한 명언은 자녀 양육에 관한 진리를 반영합니다. 이와 마찬가지로 성인들 역시 부부 관계에서의 유대감뿐 아니라 각자의 독특성을 유지할 수 있는 자유를 허용해 줄 상대를 찾습니다. 결혼 생활에서 이 과정은 종종 사랑의 세 단계를 거치는 것으로 묘사됩니다.

1. '우리' 단계

   : 두 사람의 삶이 낭만적으로 합쳐진 단계입니다.
2. 관계에서 '나'를 찾기 위한 갈등 단계

   : 이 단계에서 갈등은 종종 관계 내 긴장을 일으킵니다.
3. '우리'-'나' 단계

   : 커플이 함께하면서도 각자의 개성을 유지하는 법을 터득한 단계를 뜻합니다.

여성의 심리 발달을 연구하는 스톤 센터 그룹은 이러한 사랑의 양극성을 '연결된 자율성'이라고 명명했습니다.[28] 다른 용어로 '친밀한 자율성' 또는 '자율적 친밀감'이라고 불리는 이 개념은 신성과의 관계에서도 적용될 수 있습니다. 사람들은 하나님과의 깊은 연결과 영적 교제를 원하며, 동시에 하나님의 특별한 자녀로서 자유를 부여받고, 이를 하나님의 사랑 안에서 누리는 경험을 갈망합니다.

아이들은 종종 부모와의 관계에서 사랑에 대한 욕구(소속감과 연결감의 뿌리)와 자유에 대한 욕구(자율성과 독립성의 날개) 사이에서 선택을 강요받는 듯한 느낌을 받습니다. 이러한 딜레마에 직면할 때, 아이들은 사랑과 자유 중 하나를 선택하고, 다른 하나를 포기해야 하는 감정적 갈림길에 놓이게 됩니다.

사랑과 소속감을 선택한 아이들은 부모로부터의 필수적인 사랑과 지지 관계를 유지하기 위해 어느 정도의 자유와 독립성을 스스로 제한할 수 있습니다. 반면에 자율성을 선택하는 아이들은 중요한 관계 속에서 무조건적인 사랑과 수용을 경험하는 기회를 다소 놓칠 수도 있습니다. 또한 사랑과의 연결만을 선택하면 순응과 복종으로 이어지고, 자유만을 선택하면 반발과 반항으로 이끌릴 수 있습니다. 폴 투르니에는 열두 살 때 성전에 머물렀던 예수가 '복종의 신경증'이나 '반항의 신경증' 중 어느 쪽에도 빠지지 않았음을 지적합니다.[29] 오히려 예수는 하늘에 계신 아버지의 일을 해야 한다고 말했으며, 이는 그가 부모에게 복종적이거나 반항적이지 않았음을 의미합니다. 모든 인간에게는 뿌리와 날개, 즉 사랑과 자유 모두가 필요하며, 이러한 욕구는 존중받아야 합니다.

한 보수적인 개신교 여성의 삶은 사랑을 위해 독립성을 희생해야 하는 딜레마를 잘 보여줍니다. 어린 시절, 사라(Sarah)는 어머니가 가족 중 누구라도 자기주장을 하거나 공격적 태도를 보이면 과민 반응을 보인다는 사실을 알게 되었습니다. 어머니는 누군가 자신의 의견에 맞서기만 해도 극도로 감정적이고 화내어 소리 지르거나, 침묵 속으로 빠져들곤 했습니다. 사라의 아버지는 매우 소극적이고 말이 없는 사람이었으며, 자신의 감정을 표현하기보다는 주변 사람들의 의견에 복종하고 순응하는 걸 중요하게 생각했습니다. 한편, 근본주의적 교리를 강조하는 교회는 사라의 신념 체계를 더욱 강화했습니다. 교회는 자기주장적인 태도가 죄악일 뿐만 아니라 해롭다고 가르쳤고, 이는 사라가 가족들과 교회의 기대에 부응하며 '신경증적 성자'의 삶을 살게 된 배경이 되었습니다. 사라는 목사가 된 이후에도 사람들을 기쁘게 하려 지나치게 애썼고, 모든 관계에서 '착한 사람'이 되려고 노력했습니다. 그녀는 수동적이고 순응적인 태도를 보이면서, 자신의 의견을 제대로 표현하지 않는 것이 '하나님의 뜻'이라는 그릇된 신념을 품고 있었습니다. 이러한 우상 숭배적인 신념을 벗어나기 위해 사라는 수년간 고군분투해야만 했습니다. 사라는 부모님, 교회, 하나님을 만족시키기 위해 자신의 진짜 모습을 숨겨야 했다는 사실에 깊은 상처와 억눌린 분노를 느꼈습니다. 하지만 이러한 감정을 다루는 데 큰 어려움을 겪었습니다. 그녀는 사랑을 위해 자유를 포기했지만, 결국 개인적인 삶과 사역에 있어 사랑과 자유 모두가 필요하다는 것을 깨닫게 되었습니다.

원가족 안에서 상처받은 사람들을 돕는 치유 사역의 핵심 목표는 사랑하는 관계와 창조적 자유 모두를 온전히 누릴 수 있도록 돕는 것입니다. 하나님은 건강한 가정과 신성한 사랑의 계시를 통해 우리에게 뿌리와 날개, 즉 사랑과 자유 모두를 주시고자 하십니다.

내 안의 영적 이야기 풀어내기

자신의 성장 과정과 원가족에 대한 경험을 바탕으로 자서전을 써 보는 것이 치유와 성장에 도움이 될 수 있습니다. 어린 시절 중요했던 사람들과의 경험을 바탕으로 자신의 정서적이고 영적 이야기를 창의적으로 풀어내는 글쓰기 과정은 자기 이해를 심화시키는 효과가 있습니다. 다음은 이러한 글쓰기를 위한 몇 가지 아이디어들입니다.

자서전을 쓸 때, 어린 시절의 특정 시점에 자신을 위치시키거나, 가족 내에서 중요한 변화가 있었던 몇몇 시점을 중심으로 이야기를 전개할 수도 있습니다.

자서전에는 자신의 역사 속 인물들에 대한 묘사, 중요한 관계에서의 상호작용 패턴, 사진, 실제 받은 편지의 사본, 중요한 사건의 연대표, 가족 패턴의 그림과 도표 등 가족 역사와 그 안에서 자신의 위치를 이해하는 데 도움이 되는 다양한 자료들이 포함될 수 있습니다.

성인이 된 당신이 자신과 관계 맺는 방식을 비롯해, 타인 및 하나님과 관계를 맺는 방식에 영향을 준 가족 관계와 경험을 중점적으로 다룰 수 있습니다.

당신의 업무나 영적 지도자로서의 역할에 영향을 미칠 수 있는 가치관, 태도, 신념 그리고 긍정적 또는 부정적인 영향을 미치는 요소들에 관해 설명할 수 있습니다.

어린 시절의 중요한 인물(생존 여부와 상관없이)에게 세통의 편지를 쓸 수도 있습니다. 이 편지들을 반드시 우편으로 보낼 필요는 없습니다. 이 편지를 통해 그들과의 관계에서 경험했던 감정과 그 관계가 당신에게 미쳤던 영향을 나누어 보세요. 당신의 깊은 곳, 여리지만 진솔한 그곳으로부터의 목소리에 귀 기울여 써보도록 노력해 보세요. 오랜 세월 동안 마음속에 묻어두고 있었을지도 모르는 생각과 감정을 나눌 수 있도록 말이죠. 편지를 다 쓴 후에는 잠시 그 사람이 되어 당신의 편지를 읽는다고 상상해 보세요. 그들이 진솔하고 부드러운 마음을 담아 어떤 답장을 당신에게 보낼지, 깊이 생각하며 써 내려가 보세요. 이 편지 쓰기 연습은 여린 마음을 품은 두 사람 사이에 깊은 이해와 진정한 교감을 이끄는 소통의 기회를 가져다줄 것입니다.

다음과 같은 주제들을 생각해 보는 것도 도움이 될 수 있습니다. 예를 들어 가족 규칙, 가족 신화, 가족의 핵심 가치관 그리고 가족의 중요한 전통들은 무엇이며, 그 전통들의 의미와 누가 그것들을 지켰는지에 대해 생각해 보십시오. 또한 가족 내에 있었던 명시적 혹은 암묵적 기대, 가족의 강점과 권력 구조, 가족의 중요 결정은 어떻게 이루어졌는지, 의견의 불일치와 갈등은 어떻게 관리되었는지 등을 살펴보는 것도 의미 있을 수 있습니다. 주요 질병이나 중독 문제, 인종 및 문화적 배경, 가족 내 있었던 감정 표현 방식들, 당신이 가족 내에서 맡은 역할, 자녀의 독립성은 어떻게 허용되거나 억제되었는지, 출생 순서, 가족의 중요한 사건들 그리고 신앙이 가족의 삶에서 어떤 역할을 했는지도 생각해 보시기 바랍니다.

이름보다 선명한 가족 지도

세대 간 가족사를 정리하기 위해 가족 계보를 만드는 것도 좋은 방법입니다. 이 과정에 대한 자세한 내용은 모니카 맥골드릭(Monica McGoldrick)과 랜디 거슨(Randy Gerson)이 쓴 책 『가족 평가를 위한 계보도』(*Genograms in Family Assessment*)[30]나 메닝거재단(Menninger Foundation)의 비디오테이프 "다세대 가계도 작성"(Constructing the Multi-Generational Genogram)[31]을 참고해 보시기 바랍니다. 적어도 세 세대에 걸친 주요 문제들을 추적하여 이러한 패턴이 자신에게 미친 영향을 확인하는 것이 유용할 수 있습니다. 예를 들어 중독, 학대 및 폭력 문제, 숨겨진 가족의 비밀, 심각하거나 만성적인 질병, 자살 또는 자살

시도, 입원 및 약물 치료를 포함한 만성적인 정서적 문제, 체중 문제 또는 섭식 장애, 혼외 관계, 별거 및 이혼 문제, 어떤 종교를 믿는지의 문제, 지도자 역할 등의 패턴을 고려해 볼 수 있습니다.

가족 계보에 하나님에 대한 이미지와 믿음을 포함시키면, 수년 동안 가족이 숭배해 온 다양한 유형의 '집안 신들'을 쉽게 파악할 수 있습니다.

상처를 넘어 은혜로

가족사의 다양한 측면을 이해하려는 목적은 과거의 신념, 태도 그리고 행동 패턴 등을 돌아보는 데 있습니다. 이를 통해 우리는 미래에 어떤 변화를 만들어 낼 수 있는지 깊이 숙고할 기회를 얻게 됩니다. 과거의 상처 때문에 사랑과 은혜의 복음이 흐릿해지고 왜곡되었더라도, 기도를 통해서 하나님의 사랑과 은혜를 더 깊이 깨달을 수 있기를 바랍니다. 그리고 과거의 상처로 인해 만들어진 하나님에 대한 부정적 이미지를 바로잡고 그분의 진정한 모습을 경험할 수 있기를 소망합니다.

3장

어른이 되었지만, 내 안에 남은 아이

　　아이들이 원가족에서 배운 규칙, 신념 그리고 행동 패턴은 성인이 된 후에도 이어지는 경우가 많습니다. 어린 시절의 세계관과 가족 체계에서의 위치는 대개 마음속 깊이 자리 잡게 됩니다. 내면화된, 억압적이면서도 무관심했던 권위로부터 해방되고 개별화되는 과정은 일반적으로 쉽지 않습니다. 마찬가지로, 인간관계에서 당신이 주로 맡는 역할과 주요 행동 패턴을 수정하는 것 역시 어려울 수 있습니다. 부정적인 세계관, 왜곡된 현실 인식, 자신과 타인에 대한 그릇된 신념 형성에 기여한 거짓 절대자들로부터 자유로워지는 과정은 실로 엄청난 작업입니다. 이는 흔히 비신화화, 탈절대화, 혹은 탈우상화라고도 불립니다. 가족 경험에서 비롯된 당신 내면의 영적 드라마는 당신에게 강력한 힘을 행사하는 경향이 있습니다. 마치 그것이 어린 시절의 가족 관계망에서 형성된 것이 아니라, 하나님 손에서 직접 비롯된 듯 느껴질 수 있습니다. 원가족의 지속적인 영향에 대한 새로운 이해를 돕고, 그와 같은 가족 역동으로부터 벗어나며, 심신의 치유에 도움이 될 만한 대안적 접근법을 소개하고자 합니다. 이러한 접근법은 과거의 경험으로 인해 형성된 특정 패턴을 이해하고 극복하는 데에도 도움을 줄 것입니다.

학대 트라우마와 몸의 기억

사랑과 돌봄을 기대했던 사람들로부터의 학대는 어쩌면 정서적 측면에 있어 아이들에게 그 어떤 트라우마보다 깊고 지속적인 영향을 미칠 수 있습니다. 많은 이들이 영적 여정의 과정에서 신체적, 성적, 정서적 학대의 끔찍한 후유증과 씨름하고 있습니다. 학대받은 아동은 자신이 겪은 공포로 인해 심리적, 영적 속박에 갇혀 있는 경향이 있습니다. 예를 들어 일부 신학교에는 어렸을 때 학대받은 경험을 가진 학생들이 상당수 있으며 이들은 신학 교육을 통해 학대의 상처로부터 회복되고자 고군분투하기도 합니다. 학대받은 아이들은 그 존재의 핵심에 내면화된 학대 가해자에 대해 끔찍한 '사로잡힘'(Trappedness)을 경험하는 경우가 많습니다. 그들은 잔인하고 억압적인 대상에서 벗어나 신뢰할 수 있고, 믿을 만하며, 돌봐주는 관계를 형성하는 데 큰 어려움을 겪습니다. 오랜 시간과 노력을 통해 학대 가해자와의 고리를 끊은 후에야, 하나님과 다른 사람들 그리고 자기 자신을 사랑하는 관계를 바탕으로 인생을 다시 세울 수 있습니다.

보스턴에서 성적인 학대를 당한 아동을 전문으로 치료하는 상담가인 스티븐 프라이어(Stephen Prior)는 학대 아동의 심리적 역동을 구성하는 네 가지 주요 요인을 제시했습니다.[1] 신학적으로 보면 이 네 가지 요인은 세계, 자아 그리고 궁극적 실재에 대한 왜곡된 관점과 깊이 관련되어 있습니다.

1. 피해자이든 가해자이든 학대 관계를 반복적으로 재현함

외상을 경험한 아이가 관계에서 피해자 또는 가해자로 혹은 때에 따라 두 가지 역할을 동시에 수행하여 학대적인 행동 패턴을 반복하는 경향이 있다는 것은 잘 알려진 사실입니다. 이러한 아이들은 성인이 되어서도 무의식적으로 자신을 학대할 가능성이 높은 파트너를 선택하는 경우가 많습니다. 익숙한 학대 가해자가 위안의 대상으로 여겨지기 때문입니다. 또한 어린 시절 학대를 경험했던 부모는 자신도 모르게 자기 자녀를 학대하는 부모가 될 수도 있습니다. 심지어 학대 피해자는 자신을 돕고자 하는 성직자, 영적 지도자, 상담가를 비하하고 공격하는 등 학대적인 방식으로 대하기도 합니다.

어떤 경우든 학대 피해자는 내면화된 학대 가해자에 집착함으로써 진정한 사랑과 돌봄을 주는 구원과 치유의 관계로부터 근본적으로 차단됩니다. '피해자-가해자 경험의 끝없는 재현'이 일어납니다.

2. 가해자와의 동일시를 기본적인 방어기제로 사용함

프라이어는 아이가 스스로 '크나큰 취약성'을 느끼기 때문에 두려움이나 나약함을 느끼지 않으려는 방식으로 재빨리 가해자와 동일시하게 된다고 설명합니다. 그리고 이러한 동일시를 통해 재차 피해자가 되는 걸 막을 수 있다고 말합니다.

이러한 역동은 특히 남성 가해자에게 성적 학대를 당한 남자아이들에게 두드러지게 나타납니다. 일반적으로 남자아이들이 남성에게 성폭행을 당했을 때, 자신이 동성애자나 여성이어야 한다는 무의식적인 추론에 빠지게 됩니다. 따라서 남성 가해자와의 동일시는 단순히 나약함과 취약성에 대한 방어 수단일 뿐만 아니라 잠재적인 여성화에 대한 방어기제로도 작동합니다.

가해자와 동일시하는 아이가 겪게 되는 딜레마는 이렇습니다. 동일시를 통해 아이는 자신도 강하고 힘이 있어 안전하다는 환상을 품게 됩니다. 하지만 그 대가는 큽니다. 마음가짐과 행동이 공격적이고 폭력적으로 변하여 악한 존재가 될 수 있기 때문입니다. 학대자에게 분노를 느끼는 이러한 아이들은 학대자와 자신을 동일시한 뒤, 그들과 같은 행동을 했다는 이유로 자신을 공격하고 처벌하려는 경향이 있습니다. 영적인 관점에서 볼 때, 이러한 아이들은 가해자와 자신을 동일시함으로써 연약함과 취약성으로부터 스스로를 지키려 합니다. 그리고 그 후에는 내면의 상처받은 부분을 공격하며 스스로를 심판하고 벌하는 모습을 보입니다. 성적 학대를 경험한 아이가 친밀한 관계 속에서 도움을 주려는 사람을 만나면 혼란에 빠집니다. 아이는 신뢰에 대한 두려움과 학대 가해자로부터 벗어나고 싶은 마음 사이에서 갈등하게 되는 것입니다. 이러한 내적 갈등은 잠재적인 치유자를 거부하거나 심지어 학대하는 방식으로 표출되기도 합니다.

3. 자신이 학대의 원인이고, 학대받아 마땅하며, 완전히 나쁘다는 확고한 신념

학대와 방치 속에서 자란 아이들은 종종 원죄 교리를 잘못 이해하여, 타고난 자신의 나쁜 본성 때문에 고통을 겪는다고 확신하게 됩니다. 그들은 자신에게 가해지는 공격, 폭행, 거부, 버려짐 등이 모두 자신의 잘못 때문이라고 믿습니다. 이러한 아이들은 자신이 세상을 통제하고 있다는 환상적 전능감을 키우고, 자신의 행동 때문에 자신이 학대를 경험하게 되었다는 착각에 빠지게 됩니다. 학대받은 아이들은 자신이 나쁜 대우를 받았다는 이유로 자기 자신을 비난하는 감정을 깊이 내면화하며, 상담가나 심지어 치료 시스템 전체가 자신을 거부하도록 유도하는 데 능숙해질 수 있습니다.

프라이어는 종교적 맥락에서 자주 사용되는 '빙의' 개념을 심리학적으로 차용하여, 학대받는 아이들이 어떻게 자신이 근본적으로 '나쁘다'라는 강렬한 인식을 형성하게 되는지 설명합니다. 많은 학대 피해 아동들은 실제로 자신 안에 '나쁜 자기'가 존재한다고 믿습니다. 또한, 이 '나쁜 자기'가 자신을 지배할 수 있다는 생각에 사로잡혀 이를 쫓아내거나 파괴해야 한다는 믿음을 갖게 됩니다. 그들은 마치 악마에 사로잡힌 듯한 느낌을 받으며, 내면의 악마를 어떻게든 쫓아내야 한다고 생각합니다. "학대 피해자는 또다시 학대당하는 것을 두려워하지만 동시에 자신이 학대자가 되는 것 역시 두려워합니다. 자신도 모르게 학대자처럼 행동하여 다른 사람들에게 상처를 줄까 봐 끊임없이 두려워하는 것입니다. 이것이 바로 나쁜 대상에 의한 빙의의 두려움입니다.[2] 단순히 학대자처럼 행동하는 것을 넘어, 자신도 언젠가는 학대자가 될지도 모른다는 두려움, 즉 자신의 인격 전체가 악한 존재에 의해 완전히 지배당할지도 모른다는 믿음이 그들을 괴롭히는 것입니다."

프라이어는 트라우마에 시달리는 아동에게서 흔히

나타나는 증상 중 하나로, 아주 작은 불쾌한 사건에도 갑자기 강렬하고 부정적인 감정 및 행동 반응을 보이는 점을 지적합니다. "이러한 상호작용 패턴은 아이들의 일상적인 대인 관계에 큰 영향을 미치고, 엄청난 고통을 겪게 합니다. … 그들은 단순히 화를 내거나 짜증을 내는 것이 아니라, 공포와 분노에 사로잡혀 파괴적인 행동을 보이게 됩니다."

4. 신체적 폭력, 성적 행위 또는 이 둘의 결합을 통한 대상과의 접촉 추구

"아동이 성적으로 비정상적이거나 공격적인 방식으로 관계 욕구를 충족시키는 성인에 의해 만성적으로 학대를 당하면, 그 아이는 관계를 맺는 유일한 방법이 폭력, 성행위 또는 이 둘의 조합밖에 없다고 믿게 될 수 있습니다."

아이들은 본보기를 통해 배운 것을 그대로 따라 하는 경향이 있습니다. 아이들은 사랑과 다정함 그리고 돌봄이 있는 관계를 갈망합니다. 하지만 그들이 경험한 친밀감이 단지 왜곡된 형태의 신체 접촉을 통한 것뿐이라면, 그 왜곡된 관계 방식을 답습할 가능성이 큽니다. 성적 학대를 경험한 아이는 때때로 다른 사람을 거부하며 상처를 주기도 하는데, 그러한 행동의 원인이 자신의 공격성과 성적 충동 때문이라고 생각하기도 합니다. 더 나아가 "사랑과 연결을 원하는 욕구 자체가 근본적으로 잘못되었고, 관계를 파괴하며, 자신이 학대당한 원인이라고 믿기도 합니다. 사랑하고 사랑받고 싶어 하는 것은 지극히 자연스러운 욕구입니다. 하지만 이러한 욕구가 오히려 폭력과 비정상적 관계를 초래한다는 이 잔인한 역설은, 성적 학대가 아동의 자기상과 타인에 대한 인식을 얼마나 심각하게 훼손하는지 보여주는 단적인 예입니다. 결국 아이는 사랑 자체가 모든 것을 파괴한다는 믿음을 갖게 될 수도 있습니다."

학대 피해자와 진정한 사랑 사이에는 얼마나 깊은 심연이 존재하는 것일까요. 그리고 그처럼 학대받는 사람과 하나님의 진정한 사랑과 은혜 사이에는 얼마나 큰 간극이 존재하는 것일까요. 어떤 아이들이 자신의 사랑이 어떻게든 증오를 일으킨다고 믿게 된다는 건 얼마나 슬픈 일입니까.

학대받는 아이는 "정신적 소멸에 대한 두려움 때문

에” 학대와 고통을 준 내사된 대상에 집착하게 됩니다. 자신을 학대한 나쁜 대상과 연결되어 있는 것이 적어도 심리적 해체나 대상과 완전히 단절되어 겪게 되는 끔찍한 고립, 즉 정서적 고아 상태보다 낫게 느껴지기 때문입니다. 특히 좋은 대상을 깊이 내면화하지 못한 경우, 나쁜 대상에 대한 집요한 애착은 그들에게 심리적 안정감을 제공합니다. 하지만 이러한 나쁜 대상에 대한 집착은 결국 학대받은 아이로 하여금 생명과 존재의 참된 창조주로부터 사랑받는 존재라는 기본적인 진실을 삶 속에서 경험하지 못하게 만듭니다. 한 내담자가 자신이 내사한 부모와 관련하여, 나에게 “저는 최고의 권위자인 부모로부터 내게 어떤 권위도 없다는 것을 배웠습니다”라고 말했듯이 말입니다.

외상을 겪은 아이들에게 치유와 회복은 극히 어렵습니다. 특히 방임적, 성적 또는 폭력적 관계를 내면화한 아이들의 경우 더욱 그렇습니다. 이러한 관점에서 보면 외상을 입은 아이들에게 내사된 인물은 단순히 그러한 폭력을 겪지 않은 아이들에게 내사된 인물과 다를 뿐 아니라, ‘더 나쁜’ 대상입니다. 내사된 대상이 소화되기 어려운 이유는 아이들의 타고난 공격성이나 통합 능력의 부족 때문이 아닙니다. 오히려 내재화된 대상과의 끔찍한 경험, 풀 수 없는 갈등 그리고 자기보호를 위해 구축한 극단적 방어기제 때문에 이런 문제들을 해결하는 것이 훨씬 어렵습니다. 예를 들어 아이는 자신이 완전히 취약하다고, 혹은 자신이 완전히 나쁘다고 느끼거나, 자신이 학대의 원인이라고 생각하면서 살 수는 없습니다. 이러한 딜레마와 그에 따른 불안감은 말 그대로 아이의 정신을 찢어 놓을 뿐 아니라, 아이를 정신적 소멸의 위협에 노출시킵니다.

치유 과정에서는 아이 내면에 존재하는 부정적 내사 대상들을 변형시키고, 그들이 행사하는 궁극적 권위를 박탈하는 것이 필요합니다. 치료자나 영적 지도자는 내담자가 다른 해석, 즉 새로운 이야기를 찾을 수 있도록 도와야 합니다. 이 새로운 이야기를 통해, 내담자는 사랑 속에서 자신의 가치를 재인식하고, 진정한 은혜와 사랑이야말로 하나님의 본질이라는 희망을 발견하게 됩니다. 새로운 이야기에서는 가해자의 절대적 권위에 대한 불변할 것 같던 이미지가 변형되어, 그들의 거짓말과 폭력적인 행동이 더 이상 절대적인 진리로 인식되지 않게 됩니다. 가해자는 신화화된 이미지로부터 해체되고, 학대 피해자는 학대 가해자의 영향에서 벗어나 그리스도 안에서 하나님의 치유적 사랑을 경험하게 됩니다.

거짓이 진실이 되는 과정

많은 정서적, 영적 투쟁은 원가족으로부터 경험한 각본, 반복적인 패턴, 그릇된 신념의 지속적인 영향으로 인해 발생합니다. 세상과 우리 자신 그리고 우리의 관계 패턴에 대해 스스로에게 말하는 비합리적인 문장들은 끊임없이 우리의 삶을 방해합니다. 샌프란시스코의 교육분석가인 조셉 바이스(Joseph Weiss)는 특히 이와 관련하여 어린 시절의 각본을 다시 쓰는 사람들에게 도움이 될 만한 몇 가지 아이디어를 제안했습니다.[3] 그는 이런 문제가 "건설적 기능을 가로막고 '매우 적응적이며 바람직한 목표 추구'를 방해하는 무의식의 부적응적 신념" 때문이라고 설명합니다. 그가 우상 숭배에 대해 직접 언급하지는 않았지만, 그의 핵심 아이디어는 쉽게 그러한 맥락에서 해석될 수 있습니다.

1. 그릇된 신념이나 병리적 신념은 "유아기와 어린 시절에 아이가 절대적인 권위[4]를 부여하는 부모와 형제 자매로부터 습득되기 때문에" 매우 강력합니다. 아이는 여러 방식을 통해 병리적 신념을 형성할 수 있습니다. 예를 들어 '외상, 부모의 지시와 부모에 대한 모방, 우연한 사건, 혹은 순진하고, 잘못된 추측 등'을 통해서 이러한 신념이 형성됩니다. 현실과 도덕성에 대한 이러한 신념은 "엄청난 권위[5]를 부여받게 된다"라고 말할 수 있습니다. 바이스는 이러한 우상 숭배적인 믿음이 병리의 핵심에 놓여 있다고 추론합니다.

2. 바이스는 또한 (비록 그가 그것을 '참자기'나 혹은 '하나님의 형상'이라고 부르지는 않지만) 개인에게는 이러한 신념을 반증하려는 강한 내적 동기가 있다고 가정합니다. 병리적 신념을 반증하려는 과정에서 개인은 무의식적으로 성직자, 상담가, 영적 지도자뿐 아니라 주변 사람들과의 관계 속에서 자신의 신념을 시험합니다. 이러한 행동은 그 신념이 틀렸다는 것을 입증하기 위한 바람에서 비롯된 것입니다. 이러한 시험은 말, 실험적 행동 또는 비언어적 행동으로 이루어집니다. 병리적 신념은 한 개인이

본래 타고난 성장 욕구와 잠재력, 신학적으로는 하나님이 부여한 목적에 이를 수 없게 합니다. 이는 마치 권위자들이 자신의 감정을 신뢰하지 말라고 가르치는 것과 같습니다. 예를 들어, 어떤 일로 아이가 자연스럽게 울음을 터뜨렸을 때, 엄마가 "닥치고 방으로 들어가. 뚝 그치고, 울보처럼 울지 마"라고 혼내는 상황을 생각해 볼 수 있습니다. 그런데 공교롭게도 그 엄마가 가장 좋아하는 성경 구절 중 하나가 산상수훈에 나오는 "애통하는 자는 복이 있나니 그들이 위로를 받을 것임이요"[6]라는 예수의 말씀이라면, 그 어린 딸은 참된 권위자인 예수의 진리가 아닌, 끊임없이 비판하고 꾸짖는 엄마의 말을 자기 삶의 지침으로 삼게 됩니다.

바이스는 인간의 성격에는 사랑받고 싶어하고 타인을 통해 자신을 인식하려는 타고난 본성이 있지만, 병리적 신념이 이러한 정상적인 성격의 측면들을 억압하여 덮어 버린다고 주장합니다. 그는 또한 인간의 내면에는 병리적 신념을 부인하고, 안전하고 사랑이 넘치는 관계 속에서 성격의 건강한 측면들을 발현하고 실현할 수 있는 타고난 추진력이나 동기가 있다고 주장합니다.

그의 생각은 양복을 사기 위해 지하 옷 가게에 들어

간 한 신사의 이야기를 떠올리게 합니다. 신사는 스타일과 색상이 마음에 드는 옷을 하나 골라 입어보았습니다. 그는 점원에게 "이 정장이 마음에 드는데, 재킷의 소매가 너무 길군요"라고 말했습니다. 그러자 점원은 "어깨를 약간 구부리면 소매가 적당한 길이로 맞을 거예요"라고 대답했습니다. 신사는 "글쎄, 바지 길이도 너무 길군요"라고 덧붙이자, 점원은 "걸을 때 무릎을 구부리면 바지 길이도 적당해질 겁니다"라고 말했습니다. 그 신사는 새 정장을 입고 집에 가도 되는지 묻고, 허락을 받은 후 어깨를 웅크리고, 무릎을 구부린 채 매장을 나섰습니다. 그때 매장에 들어오던 두 명의 여성이 그를 보게 되었습니다. 한 여성은 다른 여성에게 "저 불쌍한 신사 좀 봐요"라고 말했고, 다른 여성은 "네, 하지만 양복이 멋지지 않아요?"라고 대답했습니다. 너무나도 빈번하게, 권위적 인물들은 어린이에게 맞지 않는 정서적, 영적 옷을 강요하여 아이의 진정한 본성을 해치곤 합니다.

3. 병리적 신념은 타고난 목표를 추구하는 데 '장애물'로 작용하여 부정적인 결과를 초래합니다. 바이스는 몇 가지 예를 통해 이를 설명합니다.

자신의 성공으로 인해 여동생이 창피를 당할 것 같아 학
교에서 잘하는 것을 스스로 억제하는 사람.[7]
친구가 있으면 어머니가 버림받았다고 느낄 것이라고
믿기 때문에 또래 친구들에게 냉담하게 대하고 거리를
두는 사람.[8]

종종 생존자의 죄책감이나 불안감이 자신의 목표를
이루는 데 걸림돌이 되기도 합니다. 바이스는 내면화된 부
정적 내사물(Negative Introjects)에 대해 '환상 속에서의 유
대'(Fantasy Bond)나 '고집스러운 애착'이라는 용어를 사
용하지는 않습니다. 하지만 그는 사람들이 종종 자신의
목표를 향해 나아가는 데 어려움을 겪거나 장애물에 부
딪히는 이유를 원가족 구성원에게 해를 입힐 것에 대한
두려움이나 타인의 반응에 대한 공포 때문이라고 설명
합니다. 아이가 만약 있는 그대로의 자신을 드러내는 것
이 안전하지 않다고 인식하게 되면, 그 억압적인 환경에
서 살아남기 위해 무의식적으로 성격 일부를 억누르거
나 파괴하는 선택을 하게 됩니다.

바이스의 '수동에서 능동으로의 역할 전환 시험'[9] 개
념은 한 개인이 부모가 자신에게 외상을 주었던 패턴과

같은 방식을 목회자나 영적 지도자, 혹은 상담가에게 재연하여 그들이 어떤 반응을 보이는지 시험하는 것을 의미합니다. 내담자는 상담가가 자신의 부모와 달리 자신에게 화내지 않는 모습을 보여주길 바랍니다. 내담자는 상담가가 자신이 고통받는 것과 같은 병리적 신념에 의해 구속되지 않기를 원합니다. 만약 이러한 내담자들이 상담가가 화내지 않는 것을 확인하게 되면, 내담자는 안심하게 됩니다. 자신에게 외상을 주었던 행동에 상담가가 효과적으로 대처하는 것을 보면서 내담자는 그러한 행동에 효과적으로 대처하는 방법을 배우게 됩니다.[10] 신학적인 측면에서 보면, 이러한 과정을 통해 내담자들은 상대방을 공격하고 학대하고 십자가에 못 박는 것 너머에, 생명과 사랑이 있는지 시험하고 있는 것입니다.

바이스의 생각은 다음과 같은 임상, 신학적 언어로 요약될 수 있습니다. 병리적 신념은 아이들이 집안 신들로 인식했던 거짓 절대 권위 인물로부터 부여받은 세속적 경전이라 할 수 있습니다. 사람들은 우상의 폭정에서 벗어나 자유와 해방 그리고 구원을 갈망하며, 비합리적인 신념과 우상 숭배적인 인식을 반증하기 위해 다른 사람들을 시험하는 것입니다.

내면에 사는 또 다른 부모들

캘리포니아의 심리학자 로버트 파이어스톤(Robert Firestone)은 사람들이 부모로부터 받은 부정적인 내사물과 억압적인 신념 체계로부터 벗어나도록 돕는 방법을 연구했습니다. 그는 특히 공격적이고 비난하는 내면의 '목소리'를 극복하는 몇 가지 방법들을 제안했습니다. 파이어스톤은 연구와 임상을 다룬 논문에서 신학적 언어를 사용하지 않지만, 그의 설명은 임상 신학의 개념과 맞닿아 있습니다. 특히 '이중 우상 숭배'와 개인이 우상이나 집착의 대상과 맺는 끈질긴 약속에 대한 개념을 세속적인 용어로 풀어냈습니다. 그는 '내면의 목소리'를 "개인의 부적응적 행동의 기초가 되는 하나의 잘 통합된 부정적 사고 패턴"이라고 정의합니다.[11]

파이어스톤뿐 아니라 많은 이야기 상담가들은 "내면의 목소리는 성격의 본래적이거나 선천적인 부분이 아니라 (한 개인의 억압된 이야기와 같이) 외부에 의해 학습되거나 강제된 것"이라고 봅니다.[12] 파이어스톤은 또한 자기를 향한 공격적인 내면의 목소리 뒤에는 파괴적인 부모의 내사물이 자리 잡고 있다고 주장합니다. 즉, 부모의 적대적인 말은 종종 한 사람의 정체성의 핵심을 결정짓습니다. 이러한 분노에 찬 내면의 목소리 공격은 의식적이기 보다는 대개 무의식적이지만, 이야기 치료에서처럼 한 개인이 자기를 향한 공격을 '자기에 대한 외부 공격'으로 인식하는 순간, 치유가 시작됩니다."[13]

파멜라 캔터(Pamela Cantor)는 파이어스톤의 책 서문에서 "목소리 치료(Voice Therapy)는 사람들로 하여금 자신이 지니고 있는 내면의 악마(Demon)[14]를 드러내고 직면할 수 있게 하는 과정입니다"라고 말합니다.[15] 조셉 리치먼(Joseph Richman)은 『목소리 치료』(*Voice Therapy*) 서문에서 "이 책은 이러한 내면의 목소리를 물리칠 수 있음(Exorcized)[16]을 우리에게 가르쳐줄 뿐만 아니라, 내면의 목소리를 어떻게 수정하거나 제거함으로써 적절한 자존감을 유지하고 자아실현을 할 수 있는지에 대해 알려줍니다"라고 밝히고 있습니다.[17] 악마와 대면하고 이를 쫓아내는 것이 목소리 치료의 핵심이며, 이는 거짓 신에게 속박된 자신의 영적인 삶을 다시 쓰고 치유하는 일과 깊은 관련이 있습니다.

파이어스톤은 '환상 속에서의 유대'라는 용어를 통해 내면화된 대상이 한 개인을 감정적 박해의 공간에 가

두고, 그 사람의 자유를 제한하는 상황에 대해 설명합니다.[18] 아이는 분리와 정신적 소멸에 대한 두려움 때문에 "환상 속에서 내면화한 부모와 유대를 맺음으로써 상상 속 안전과 안정을 유지하려 합니다."[19] 그는 이러한 파괴적인 환상 속의 유대를 드러내고 해체하는 것뿐만 아니라, 진정한 분화를 향해 나아가는 것이 자유롭고 충만한 삶을 위해 필수적이라고 강조합니다.[20]

목소리 치료는 또한 한 개인이 자기에게 가하는 모든 목소리 공격에는 암시적이거나 명시적인 죽음의 위협이 내포되어 있다고 말합니다. 예를 들어, "넌, 나빠. 넌, 사악해. 넌, 존재해서는 안 돼. 존재하지 마. 네가 느끼는 감정을 느끼지 마. 나는 네가 태어나지 않았으면 좋겠어. 나보다 더 성공적이거나 만족스럽게 살지 마. 죽어버려"와 같은 말들입니다. 파이어스톤은 이러한 자기 파괴적인 목소리를 일상의 작은 자살이라고 부르며, 이러한 목소리가 자기 파괴적인 행동과 삶의 방식을 조장한다고 말합니다. 파이어스톤은 사람들이 원가족으로부터 온 부정적 내사물을 병리적으로 처리하는 과정에서, 권위 인물들에 의해 허용되지 않은 자기 존재의 핵심적인 부분을 십자가에 못 박거나, 죽이거나, 묻어버리려고

한다는 견해에 동의할 것입니다.

이러한 맥락에서 파이어스톤은 "우리는 자살을 정신 질환의 하위 유형으로 개념화하는 것이 아니라 정신 질환을 자살의 하위 유형으로 개념화한다"[21]고 말합니다. 그는 덧붙여 "따라서 내면의 목소리는 광범위한 부적응 행동을 촉발하고 유지하는 데 중요한 역할을 한다. 이러한 행동들은 잘못[22] 분류되거나 정의되어 질병의 실체 또는 '정신 질환'으로 여겨지는 경우가 많다"라고 덧붙입니다.[23]

그릇되고 파괴적인 믿음을 내포하는 정신적 우상의 목소리가 정신병리의 근원에 있다는 것은 영성과 목회 신학에 있어 하나의 큰 도전입니다. 헨리 나우엔은 그의 말년 저작 중 하나인 『이는 내 사랑하는 자요』(*Life of the Beloved*)에서 우리는 내면의 부정적인 목소리를 마치 우리에 대한 진실을 대변하는 목소리로 듣는 경향이 있다고 말했습니다. 우리는 부정적 목소리 대신 하나님께서 "이는 내 사랑하는 아들이요 내 기뻐하는 자"라고 말씀하시는 사랑에 대한 확언에 귀 기울여야 하며, 이를 내면화해야 합니다.[24]

최근 연구에서 파이어스톤은 그의 목소리 치료에 분

리 이론을 추가했습니다. 많은 사람들이 내면의 목소리 (그리고 우상)에 고집스럽게 집착하고 있을 뿐만 아니라, 오랜 세월 동안 자신의 정체성을 규정해 온 악마적인 존재로부터 분리되는 것을 두려워한다는 사실을 깨달았기 때문입니다. 이는 마치 한 사람의 삶과 존재의 중심인 척 행사하는 우상과 맺은 끊을 수 없는 계약과도 같습니다.

파이어스톤은 사람들이 정서적, 영적 삶을 재구성하는 데 도움이 되는 세 가지 단계를 제안했습니다.[25]

1. 내면의 목소리를 식별한 후, 그 목소리를 외재화하십시오. 특히 2인칭 시점으로 표현해 봄으로써, 진정한 자아로부터 그 목소리를 분리해 내십시오.
2. 말로 표현된 내면의 목소리에 대한 자기 생각과 반응을 깊이 성찰하고 분석하여, 그 내면의 목소리가 자기 파괴적 행동 패턴에 어떤 영향을 미치는지 이해해 보십시오.
3. 마지막으로, 그 목소리에 대해 논리적이고 현실적이며 객관적인 답변을 생각해 보십시오. 그리고 상상 속에서 그 목소리에 맞서 대답하는 연습해 보시기 바랍니다. 이를 통해 풍부한 정서적 정화(Catharsis)와 통

찰을 얻을 수 있습니다.

목회신학적 관점에서 볼 때, 위의 세 단계를 통해 당신은 우상 숭배를 고백하고 회개하게 될 뿐만 아니라, 복음의 정신에 따라 옛 세상과 과거의 자기를 거부할 수 있게 됩니다. 이 과정은 진정으로 당신의 심리적, 영적 정신을 지배해 온 악마적 내사물을 퇴치하는 여정이라 할 수 있습니다.

내려놓아야 할 작은 신들

우리는 유아기에 경험한 불변의 이미지에 집착하기 때문에 성인이 되어 요구되는 변화의 과정을 받아들이지 못합니다.
_ 조셉 캠벨(Joseph Campbell)[26]

빈 출신의 분석가 윌프리드 다임(Wilfried Daim)은 정신분석적 맥락에서 정신적 우상 숭배 개념을 발전시켰습니다. 이 개념은 특히 신학적이며 영적인 사고를 하는 개인이나 전문가들과 특히 밀접한 관련이 있습니다. 다임은 지그문트 프로이트(Sigmund Freud)가 고착 대상을 신경증적 문제의 근원으로 보고, 고착이 어린 시절의 어떤 특정 대상과 관련되어 있다는 그의 경험적 연구가 옳았다고 믿었습니다. 하지만 다임은 프로이트가 고착에 관한 연구를 끝까지 파고들지는 못했다고 생각했습니다. 그는 "프로이트는 고착 개념과 거짓 절대화 사이의 엄청난 상호 연관성"을 지적한 기독교 분석가를 알지 못했다고 말했습니다.[27] 그는 이렇게 설명합니다. 정신분석 과정을 경험적으로 연구해보니, 프로이트가 신경증의 실제적 원인을 어린 시절의 대상에 대한 고착에서 찾은 것이 맞다는 것을 확인할 수 있었다. 더 자세히 들여다보면, 예외 없이 모든 경우에서 고착 대상이 절대적인 특성을 갖고 있다는 것을 발견하게 된다. 프로이트가 말한 고착 대상이란 결국 우리가 '우상'이라고 부르는 그것과 다름없다.[28] 다임은 그의 생각을 발전시켜 『심층심리학과 구원』(*Depth Psychology and Salvation*)이라는 책에서 자신의 견해를 상세히 밝히고 있습니다.

다임은 인간이 절대자와의 관계뿐 아니라 궁극적인 존재와의 교감을 추구하는 근본적인 충동이 있음을 가정하는데, 이는 로널드 페어베언(Ronald Fairbairn)이 말한

리비도가 대상을 추구하는 것과 유사합니다. 다임은 인간 존재의 일부가 하나님과의 관계를 위해 만들어졌지만, 그 부분이 어린 시절의 특정 대상에 고착되면서 그 대상은 전능과 전지, 편재와 같은 신적인 속성을 갖게 된다고 여겼습니다. 이는 "유아에게 있어 부모는 온 세상에서 가장 중요한 사람이었고, 그의 유아기 상상력은 부모를 전지전능한 존재로 그려냈다"라고 언급한 안나 프로이트(Anna Freud)의 견해와 다소 유사합니다.[29] 다임은 절대자와 교제하고 소통하도록 만들어진 인격의 중심이 정신적 우상에 집착하게 된다는 점을 강조합니다. 다른 전문가들과 마찬가지로 그는 내면화된 부정적인 대상이나 이미지가 실제 부모와 다를 수 있으며, 때로는 훨씬 더 나쁠 수 있음을 인정합니다. 이러한 우상은 거기에 얽매인 사람에게 비하, 해체, 제약, 괴로움 그리고 정신적 고통을 안겨줍니다. 다임의 주장은 다음과 같은 그의 말에 함축되어 있습니다.

개인의 발달 과정에서 특정 대상을 절대적인 대상으로 여기며 성장하게 되면, 그 개인은 그 특정 대상에 고착되어 발달이 멈추게 됩니다. 이러한 성장의 정체(停滯)는 한 개인의 발달을 제한하며, 존재적이고 존재론적인 관계 속에서 살아가는 한 인간으로 하여금 방향 감각을 잃게 만드는 구조적 문제를 야기합니다. 이는 개인이 존재할 자유와 마땅히 되어야 할 존재로 성장할 자유를 빼앗아 존재성을 훼손시키는 결과를 초래합니다. 이러한 상황은 인간에게 고통스러운 결과를 초래하게 되고, 이를 통해 인간이 겪는 괴로움의 의미를 되돌아보게 합니다. 궁극적으로 이 모든 측면들은 하나의 초점으로 수렴됩니다. 그것은 바로 절대적 대상에 대한 고착이 우리의 정신세계에 해를 끼치고 결국에는 정신적인 죽음으로 이어진다는 것입니다. 이러한 관점은 정신적 고착이 초래하는 비극적인 결과인 정신적 죽음의 영역으로 우리를 이끕니다.[30]

다임은 인간 존재에게 있어 우상에 대한 집착은 공포감뿐만 아니라 '구원에 대한 갈망'도 동시에 불러일으킨다고 말합니다.[31] 사람들은 자신이 의존하고 신적인 권위를 부여한 내면화된 부모의 표상에서 벗어나 구원받기를 원합니다. 그러나 동시에 그들은 우상에 의해 압도되어 그 고착 대상의 전체주의적 지배 아래 갇히게 됩니다. 다임은 이처럼 끔찍한 고착 현상의 주요 특징을 다음과 같이 요약합니다.

앞서 언급한 바와 같이 고착 대상은 절대적인 특성을 지니며, 마치 신과 같은 존재로 여겨집니다. 더 나아가, 한 개인은 이러한 거짓 절대자에게 얽매여 발달이 일시적으로 정체되게 됩니다. 이와 관련하여, 우리는 발달 가능성이 제한된다는 사실을 발견하게 되는데, 나는 이를 '고착의 제약적 요소'라고 부릅니다. 고착 대상은 항상 개인의 발달에 혼란을 초래하는 영향력을 행사합니다. 이는 발달에 요구되는 모든 원동력을 고착 대상 자체에 집중시키게 하기 때문입니다. … 자유의 박탈, 더 적절하게 표현하자면, 고착과 항상 결부되어 있는 자유의 제한은 고착의 근본적인 요소로 느껴집니다.

자신의 "참자기로 살고, 인간으로서의 진정한 사명을 완수할 능력을 잃어버린 사람은 자신이 타락했다고, 즉 자연이 자신에게 부여한 진정한 존엄성을 빼앗겼다고 느낍니다."

아들러(Adler)가 모든 종류의 신경증에서 발견한 열등감 콤플렉스는 바로 이러한 맥락에서 이해될 수 있습니다. 자신의 이상에 미치지 못하고 있다는 느낌은 모든 신경증에서 나타나며, 그로 인해 열등감이 생기게 됩니다. 고착된 성향 기저에는 정상적인 상태로 돌아가려는 욕구가 깔려 있으며, 이 때문에 고착과 그것으로부터 벗어나려는 욕구 사이에 충돌이 발생하게 됩니다. 이 충돌은 결국 분열로 이어지게 되는데, 블로일러(Bleuler)는 이러한 현상을 양가감정(Ambivalence)이라고 불렀습니다. 이는 고착과 자유를 향한 충동 사이에서 발생하는 찢어진 느낌 혹은 분열된 느낌이라 할 수 있습니다. 그리고 이러한 분열은 어떤 경우든 고통스럽고, 괴로우며, 파괴적인 것으로 경험됩니다. 극단적인 경우, 이러한 분열로 인해 죽음에까지 이를 수 있으며, 모든 종류의 고착은 결국 특정 형태의 살인과 같은 사악한 속성을 가지고 있습니다.[32]

다임은 구원에 대한 갈망이 인격의 중심, 즉 실존하는 인간의 중심에서 나온다고 말합니다. 절대자와의 소통은 이 중심에서 이루어집니다. 고착은 전(全)인격에 영향을 미쳐 속박을 초래하지만, 다임은 인격 전체가 완전히 속박될 수는 없다고 주장합니다. 인간에게는 언제나 자유와 해방을 갈망하고 투쟁하는 부분이 존재하며, 그렇지 않다면 인간이 품는 구원에 대한 갈망이나 필요성을 말하는 것은 의미가 없다고 말합니다. 그는 또한 인격 중심이 창조적 생산성의 원천이라고 강조하며, 이러한 창조성 역시 제한되고 차단될 수 있다고 경고합니다. 다임은 자유를 추구하는 인격 중심의 의미를 다음과 같이 요약합니다.

우리는 인격의 중심을 중력의 중심, '중심점' 그리고 인간 정신의 창조적 중심이라고 규정했습니다. 무엇보다도 우리는 그것의 가장 고귀하고 주목할 만한 역할을 진정한 절대자인 하나님과의 소통 능력으로 정의했습니다. 또한 우리는 상대적 선(善)을 우상화하고, 어떤 상대적인 존재를 절대화함으로써 인격이 유한한 어떤 대상에 의존하게 됨을 알고 있습니다. 사실, 우상이 강제적이면서도 강압적인 권위를 갖게 되는 것은 그 우상의 상대성과 유한성 때문입니다. 따라서 강압적인 강박은 본래 무한한 목적을 향해야 할 인격의 중심이 고착 대상의 유한한 본질에 갇혀버렸다는 사실에 기인합니다. 인격의 중심은 결코 완전히 고착되는 것이 아니라 단지 부분적으로만 '고착된' 것입니다. 이는 인격의 중심이 항상 자신의 고착을 어느 정도 극복할 수 있으며, 본래 주어진 역할을 부분적으로나마 수행할 수 있는 능력을 유지하고 있음을 의미합니다.[33]

다임은 또한 갈망의 대상과 구원에 대한 열망에 주목합니다. 이는 본질적으로 개인의 현실에 대한 개방성, 인간 존엄성의 회복, 우상이 강요하는 전체주의적 요구로부터의 해방 그리고 다임이 '무한을 향한 개방성'이라고 부르는 감각을 갈망하는 목적론적 범주에 속합니다. 이는 진정한 절대자와의 소통과 관계를 지향하는 마음 또는 인격 중심의 경향성을 나타냅니다. 다임은 이러한 구조를 다음과 같이 요약합니다.

우리의 마음은 하나님께 완전히 개방되어 자유로운 존재 상태를 갈망할 뿐 아니라 올바른 삶의 방향을 찾고 잃어버린 존엄성을 회복하고 싶어 합니다. 궁극적으로는 치유를 바라고, 죽음에 이르러서는 부활을 갈망합니다.[34]

다임은 사람들이 자신이 처한 곤경에서 벗어나기 위해 종종 퇴행적 해결책을 찾으려 한다고 말합니다. 이는 마치 고착되기 이전의 상태 혹은 태어나기 전 어머니 자궁 속 존재 상태를 회복하려는 것과 같지만, 구원받은 상태나 우상으로부터 자유로운 상태와는 다릅니다. 사실, 다임은 때때로 사람들이 고착 대상인 우상과의 힘겨운 싸움을 피하기 위해 낙원과도 같은 이전의 상태로 도피하거나 퇴행하려 한다고 말합니다. 우리는 흔히 사람들이 고통에서 벗어나 자신만의 정신적 열반에 빠지게 하는 중독을 고착 이전 상태로 돌아가려는 인위적인 시도라고 쉽게 생각합니다.

고착 대상은 절대적인 것으로 여겨지기 때문에, 사람들이 우상의 전체주의적 권력에서 벗어나기 위해서는 고착 대상보다 더 강력한 존재가 있다는 믿음이 필요합니다. 그들 스스로에게는 자유를 얻을 내적인 힘이 없다고 느끼기 때문에 다임이 말하는 '구원자'를 찾습니다. 이는 알코올 중독자를 위한 익명의 모임(A.A.)에서 사람들을 중독에서 벗어나게 하기 위해 '더 높은 힘'이라는 개념을 사용하는 것과 유사합니다. 우상과의 관계에서 속박된 채 포로가 된 자신을 해방시킬 초월적 힘이 없다고 여기는 사람들은 자주 절망에 빠집니다. 다임은 절망 속에 있는 사람들의 구원자를 향한 갈망에는 단순히 누군가가 자신을 구해주길 바라는 기대뿐 아니라, 자신 내부의 그 어떤 것으로도 더 높은 힘이나 구원자로 하여금 자신을 해방시키도록 할 수 없다는 인식이 담겨 있다고 말합니다. 그는 이를 이렇게 설명합니다.

'구원자'는 해방자이어야 합니다. 구원자는 인간의 자유를 억압하는 다양한 형태의 공포, 강박, 억압, 복종을 훼파해야 합니다. … 우상으로부터 해방시키는 것이 구원자의 기능 중 하나입니다. 우상으로부터의 해방이란, 구원자가 먼저 우상을 '상대화'하여 그 중요성을 깎아내린 다음 완전히 파괴하는 것을 의미합니다. … 나아가 구원자는 한 개인이 잃어버린 인간 존엄성을 회복하도록 돕고, 고착으로 인해 초래된 타락으로부터 그/그녀를 구해내야 합니다. 구원자는 개인이 유아기 단계를 극복하고 성숙에 이르도록 도와야 합니다. 구원자는 또한 그 사람을 고통스러운 괴로움으로부터 구할 수 있어야 합니다. 이를 위해서는 먼저 고착의 체계를 파괴해야 합니다. 마지막으로 결코 간과해서는 안 될 것은 그 구원의 힘은 상처를 치유하고 본성을 회복시킬 수 있는 능력이 있는 진정한 구원자에게서 나와야 한다는 것입니다. 그래야만 이전에 해체된 인간 구조가 '건강하게' 재통합될 수 있습니다. 이는 정신적 죽음 상태에서 영혼이 다시 깨어나고 다시 태어나는 것을 의미합니다. 구원자는 영혼이 부활할 수 있게 하는 힘을 부여할 수 있어야 하며, 이로써 구원자의 본질적인 기능인 죽음으로부터의 구원을 성취할 수 있어야 합니다.[35] … 그리고 인간이 '신'으로부터 구원받아야 한다는 것이 사실이라면, 구원하는 자는 반드시 신성한 본성을 가진 하나님이어야 함은 더욱 분명합니다. 성취해야 할 임무가 우상으로부터의 구원이고, 새로운 공포가 이전 공포를 대체하는 것이 아니라면, 구원자는 참되고 실제적인 하나님이어야 합니다. 따라서 거짓 신으로부터 인간을 구원하는 것은 참 하나님입니다.[36]

다임은 우상으로부터의 이러한 구원이 완전한 구원은 아니라는 것을 잘 알고 있습니다. 그는 "각각의 고착 대상이 인간 안에 내재된 건강한 본성의 저항으로 인해 뿌리 뽑힐 때, 하나님을 향한 인간 존재의 자유롭고, 자연스러운 성장의 길이 열립니다. … 이것이 바로 우상에

대한 고착으로부터 해방되는 과정입니다. 그리고 이 과
정은 결과적으로 약해진 의지뿐 아니라, 흐릿해진 마음
의 방해로부터 벗어나는 과정이기도 합니다"라고 말합
니다.

치유의 과정에서 고착 대상은 더욱 분명히 인식되며,
나쁜 대상으로부터의 해방과 구원을 향한 욕구는 더욱
강렬해져 때로는 극단적인 형태를 띠기도 합니다. 이 시
점에서 한 개인은 상담가, 영적 지도자 또는 성직자를 직
접적인 구원자로 바라볼 수도 있습니다. 다임에 따르면,
치료자는 구원자가 되려고 해서는 안 되며, 우상의 폭정
에서 벗어나게 할 수 있는 신성한 힘을 가진 구원자에게
그 사람 스스로 손을 뻗을 수 있도록 약간 물러나야 합니
다. 그러면 우상을 강력하고 공격적으로 밀어붙이는 단
계가 오게 되는데, 이 과정을 통해 우상이 빼앗아 간 절
대성은 파괴되고 우상 중심으로 구축되었던 허상의 세계
전체가 무너지게 됩니다. 이러한 치료 과정을 겪은 사람
은 그 순간 매우 불안할 수 있습니다. 이는 우상에 대한
애착이 그동안 안정감을 제공했기 때문이며, 이러한 애
착 대상인 우상으로부터의 분리는 두려운 일일 수 있습
니다. 다임은 한 개인이 우상을 부정하고 포기하는 이 과

정이 단 몇 시간 내에 일어날 수도 있다고 말합니다. 그 사람은 스스로에게 "나는 그것(우상)을 포기하겠어. 더 이상은 못 하겠어. 나는 충분히 했어!"라고 말하는 것 같습니다. 이러한 항복은 사실상 이제 더 이상 유지할 수 없는 개인의 거짓된 입장을 버리는 것입니다. 다시 말해, 이러한 항복은 자신이 만들어 낸 허상이나 착각에서 벗어나, 현실을 그대로 받아들이고 그 규모와 차원을 인정하는 것입니다. … 이러한 변형 과정의 또 다른 측면은 실재에 대한 이전의 저항, 즉 궁극적으로는 하나님에 대한 저항을 최종적으로 포기하고, 자신의 존재를 하나님에게 온전히 개방하는 것입니다.[37]

우상에 고착되었던 '옛 자기'는 죽고, 진정한 자기가 마치 깊은 잠에서 깨어난 것처럼 새롭게 등장하게 됩니다. 다임은 자기의 이러한 출현이나 새로운 등장, 또는 새로운 삶을 표현하기 위해 '부활'이라는 단어를 사용합니다.

내면의 아이와 부모 간의 대화

캘리포니아 출신의 심리 상담가이자 성직자인 마가

렛 폴(Margaret Paul)은 내면 아이와 내면의 사랑스러운 성인/부모 간의 관계를 더 높은 인도하심이나 영적인 힘의 맥락에서 이해하는 깊이 있고 통찰력 넘치는 구조를 개발했습니다. 폴은 다음과 같이 말합니다.

우리의 내면 아이에게 우리 스스로 내면의 사랑스러운 어른(혹은 부모)이 되어 주는 것은 풍요롭고 행복한 삶을 살아가는 데 중요할 뿐만 아니라 친밀한 관계를 형성하고 유지하는 데에도 필수적입니다. 내면 아이에게 우리가 그 아이를 사랑하고 소중히 여기며, 부모가 학대적이었던 것은 아이의 잘못이 아니라고 말하는 것만으로는 충분하지 않습니다. 우리 스스로가 매일 매 순간, 어린 시절 간절히 원했던 부모의 모습이 되어 주지 않는 한, 우리 내면 아이는 자신이 진정으로 사랑받을 만한 존재라고 믿지 못할 것입니다. 만약 우리 안의 어른이 우리 안의 내면 아이를 사랑으로 대하지 않는다면, 내면의 아이에게 사랑스럽다고 말하는 것은 그저 공허한 말일 뿐이며, 우리의 현재 삶에 어떠한 실질적인 변화도 가져오지 못할 것입니다.[38]

폴은 부모가 원가족 내에서 아이에게 성숙한 사랑을 주지 못할 경우, 아이는 지속적인 치유를 위해 사랑의 힘과 다시 연결되어야 한다고 말합니다. "내적 유대감의 능력은 치유하는 힘으로서의 사랑의 능력, 즉 내면의 어른이 내면 아이에게 주는 사랑입니다. 타인의 사랑도 이러한 과정을 촉진시킬 수 있습니다. 예를 들어 부부간의 사랑이나 친구 간의 사랑, 혹은 상담가가 내담자에게 애정을 보이는 것처럼 말입니다. 하지만 진정한 치유와 기쁨은 내면의 어른이 내면 아이를 사랑할 때만 일어납니다."[39]

사랑스러운 성인 부모와 내면 아이 사이의 내적 유대감 형성 과정은 다음의 두 가지를 의미합니다.

첫째, 원가족으로부터 물려받은 수치심의 기반이 되는 모든 핵심 신념, 즉 "나는 틀렸다, 나는 나쁘다, 나는 결함이 있다"라는 신념으로부터 자신을 분리하고, 차별화하며 벗어나는 것입니다.

둘째, 마음과 영혼을 열어 더 높은 차원의 사랑과 진리의 근원을 깨닫고 받아들여, 이를 내면화하고 삶의 방향을 설정하는 것입니다. 폴은 사람들이 어린 시절 부정적인 권위 인물로부터 학습한 두 가지 두려움, 즉 함입(Engulfment)[40]이나 밀착(Enmeshment)[41]에 대한 두려움과 버림받음 및 거부에 대한 두려움을 극복해야 한다고 말합니다. 그녀는 아이들이 부모로부터 받은 양육 방식을 그대로 자신에게 적용하는 경향이 있다고 지적하며, 이는 "고착, 우상 숭배, 각본의 반복, 자기 파괴적인 독백의 반복"과 유사한 개념이라고 설명합니다.

폴은 내면의 어른이 내면 아이에 대한 책임을 포기할 때 공동의존이 생기게 된다고 말합니다. 공동의존적 행동은 두 가지 뚜렷한 범주로 나뉩니다. 첫째는 자기애적인 '요구하기'(Taking)이고, 둘째는 과도한 '돌보기'(Caretaking)입니다. 우리는 '내 감정에 대한 책임은 너에게 있다'는 믿음을 토대로 자신의 감정에 대한 책임을 다른 사람에게 전가하는 형태의 공동의존적 측면(공공연한 통제의 측면)에서 행동합니다. 또는 '당신의 감정에 대한 책임은 나에게 있다'라는 믿음을 토대로 상대방의 감정에 지나치게 책임감을 느끼는 형태의 공동의존적 측면(은밀한 통제의 돌봄 측면)에서 행동하기도 합니다.[42] 폴은 강박적으로 요구하는 쪽과 돌보는 쪽 모두 중독되어 있으며, 둘 다 공허함과 외로움을 느낀다고 주장합니다.

폴은 내담자들이 실재의 본질을 사랑으로 인식하고 경험하도록 격려하면서, 그들이 자신에게 상처를 준 원가족보다 생명을 보듬는 사랑의 근원과 더 깊이 연결되어 있음을 깨닫도록 격려합니다. 그녀는 내담자들이 '더 높은 차원의 능력' 또는 '더 높은 차원으로부터의 사랑의 보살핌'과 대화를 나누도록 장려합니다. 대화의 주제는 어린 시절의 거짓 절대자에 근거한 왜곡된 신념, 내면 아이를 향한 사랑스러운 행위의 본질, 자신의 감정과 욕구 전체를 경험할 수 있는 자유 그리고 열린 마음으로 자기 삶의 이야기를 이해하고 다시 쓰기로 선택함으로써 자기 삶에 책임을 지는 것 등입니다. 따라서 그녀는 신성한 부모의 사랑과 은총이 넘치는 마음으로 내면의 아이를 양육하여 신성과 인간의 내적 유대가 내담자들의 내면에서 이루어지도록 촉구합니다.

다음 두 가지 질문에 대해 숙고해 보는 것은 위에 제시된 생각들을 실천하는 데 도움이 될 수 있습니다. "나를 있는 그대로 깊이 사랑하지 않는 내면의 권위 인물에 대한 집착을 포기할 용기를 달라고 기도할 수 있을까?" "나는 내면 아이에 대한 하나님의 사랑에 귀를 기울이고 이를 내면화할 수 있을까?"

증상이 들려주는 메시지

우리는 영혼을 더욱 성장케 하는 기회를 빼앗아서는 안
됩니다. 때로는 하나님이 허락하신 어려움도 영혼을 강
하게 하는 것일 수 있기 때문입니다. 영혼의 성장을 앞당
기려는 노력이 오히려 성장을 막을 수도 있습니다.
_ 프랑수아 드 페넬롱(François de Fenelon)

사람들이 도움을 구하기 위해 상담가나 영적 지도자
에게 손을 내밀 때, 그들은 대개 현재 상태를 그대로 유
지하려는 무의식적 욕구를 가지고 있습니다. 즉, 변화에
대해 자신이 저항하고 있음을 인식하지 못합니다. 대부
분의 사람들은 왜 자신이 현재 상태를 그대로 유지하려
고 하는지 이유를 알지 못하며, 증상을 유지하는 것이
증상을 포기하는 것보다 감정적 대가를 덜 치른다는 사
실을 인식하지 못합니다. 다시 말해 과제를 미루는 사람
들은 이런 습관을 고치고 싶어 하지만, 실제로는 변화를
통해 얻는 것보다 잃는 것이 더 클 것이라고 무의식적으
로 믿기 때문에 행동으로 옮기지 못합니다. 즉각적인 행
동이 가져올 수 있는 불안이나 불편함을 더 두려워하기

때문입니다. 마치 복종을 요구하는 권위를 향한 분노나 애착을 포기하는 것이 더 큰 고통을 줄 것이라고 생각하는 것처럼 말입니다. 이러한 문제에 대한 브루스 에커(Bruce Ecker)와 로렐 헐리(Laurel Hulley)의 최근 연구에 따르면, 문제와 증상에는 당사자가 인식하지 못하는 일관된 의미가 있다고 합니다. 증상은 한 개인의 무의식적 구조에서 중요한 역할을 합니다. 우리가 느끼는 증상들은 그 증상의 근본적인 정서적 진실을 의식하지 못하기 때문에 발생합니다. 즉, 우리는 마치 그런 정서적 진실이 존재하지 않는 것처럼 행동하며 살아가는데, 이러한 행동이 결과적으로 증상을 만들어 내는 것입니다.[43] 이 개념의 작용 신학[44]적 함의는 우리가 세계관과 자기 개념에 심리-영적인 애착(Psychospiritual Attachments)을 가지는 경향이 있으며, 그러한 애착은 변화에 매우 강하게 저항한다는 것입니다. 에커와 헐리는 심층지향단기치료(Depth Oriented Brief Therapy, DOBT)에 관한 저서에서 "지속적인 변화를 촉발함에 있어 가장 중요한 것은 그/그녀가 경험하는 어려움의 이면에 이미 존재했지만, 숨겨져 있던 정서적 의미를 체험을 통해 발견하는 것이었습니다. … 이 지점에 도달하기 위해서는 내담자의 의식 밖에서 작동하는 무의식적 구조를 탐색해야 했습니다. 치료 시작부터 문제의 정서적 진실, 즉 문제 뒤에 숨겨진 채 강렬한 감정을 일으키는 무의식적 구조를 의도적으로 찾기 시작했을 때, 우리의 치료 작업은 우리가 추구하던 수준의 효과를 안정적으로 달성하기 시작했습니다"[45]라고 밝히고 있습니다.

심층지향단기치료(DOBT)는 다음의 두 가지 신념을 기반으로 진행됩니다. 첫째, 내담자의 문제를 발생시키는 무의식적 구조는 치료 시작 단계부터 즉시 접근할 수 있으며, 변화시킬 수 있다. 둘째, 현재 나타나는 증상은 한 개인이 현재 활성화한 의미 구조에 의해 일관되게 결정된다. 이러한 포스트모더니즘적 관점은 "문제는 전적으로 개인의 인지와 감정이 구성하는 현재의 현실 구조에 의해 발생한다"고 믿는 구성주의 상담가들의 견해와 일치합니다.

구성주의적 관점에서 볼 때, 당신의 증상은 현재 당신이 현실을 구성하는 방식에 따른 대가 또는 결과입니다. 애초에 현실 구조를 설정한 사람은 바로 당신이기 때문에, 전문적 도움을 받는다면 그 문제를 해결하고 상황을 바꿀 수 있는 능력도 당신에게 있습니다. 따라서 이러한 관점에서 보면 당신에게는 새로운 의미를 창조하고, 현실 구조를 확장할 기회가 있습니다. 상담가나 영적 지도자는 당신이 심층지향단기치료(DOBT)가 말하는 '증상의 정서적 진실'을 경험하도록 돕고자 합니다. 이는 마치 끊임없이 변화하는 당신의 세계 속에서 잃어버린 듯했던 의미의 영역을 경험하는 것과 같습니다. 이러한 의미의 발견은 해방감을 주는 효과가 있습니다. 에커와 헐리는 증상과 관련하여 두 가지 상반된 입장이 있으며, 각 개인은 자신의 증상에 대해 이 두 가지 상반된 입장이나 태도 모두를 취한다고 지적합니다. 증상을 멈추려는 입장(Anti-Symptom Position)은 자신의 증상이나 문제를 무의미하고, 비합리적이며, 전혀 가치가 없고, 바람직하지 않은 것으로 여겨 이를 멈추고자 하는 입장을 말합니다. 만약 자신을 문제의 피해자로 여기는 경우 증상이 자신에 대한 부정적인 의미, 예를 들어 나는 나쁘다, 나는 결함이 있다, 나는 어리석다 등을 지닌다고 받아들이게 됩니다. 반면에, 증상을 유지하려는 입장(Pro-Symptom Position)의 경우는 자신의 증상이나 문제가 깊고도 강력한 개인적 의미를 지닌다고 믿으며, 이를 절대로 멈추어서는 안 될 만큼 긍정적인 가치가 있다고 간주합니다.

이는 증상이 자신의 필요에 의해 발현된 것으로 보는 입
장입니다. 증상을 유지하려는 입장은 증상이 실제로 얼
마나 필요하고 어떤 의미가 있는지 인식하지 못하는 무
의식적인 태도라고 할 수 있습니다. 이 때문에 상담가나
목회자 혹은 영적 지도자도 그 증상이 내담자에게 의미
가 있을 뿐 아니라, 현재 상태 그대로 그 증상이 유지될
필요가 있다고 무의식적으로 믿을 수 있습니다. 심층지
향단기치료(DOBT) 과정에서 내담자는 '근본적인 탐색'
이나 '근본적인 이해'의 과정을 통해 이미 자신에게 존
재하지만, 의미를 인지하지 못했던 증상의 독특한 의미
구조와 그 안에 담긴 정서적 진실을 찾아갑니다. 이처럼
정서적 진실을 이해하고, 이를 변화시키려는 과정에서
심리적 변화가 나타납니다. 즉, "증상을 유지하는 것의
정서적 가치나 의미가 실제로는 증상을 멈추는 것에 비
해 더 큰 대가를 치러야 한다"는 사실을 경험적으로 깨
닫게 됩니다. 에커는 고착 대상이나 우상에 대한 고집스
러운 애착에 대해 직접적으로 언급하지 않았지만, 일부
사례를 통해 사람들이 자신의 증상을 유지하려는 이유
가 자신의 내사물이나 또는 자신의 원가족과의 관계에
대한 은밀한 애착을 유지하려는 욕구 때문일 수 있다고

지적합니다. 이러한 해석은 저항 이면에 숨겨진 정서적 진실을 경험하게 하려는 에커의 주요 치료적 목적을 설명하는 데 도움이 됩니다. 그는 이를 내담자의 현실 구조가 지닌 일관성의 표현이라고 정의합니다. 에커는 "개인의… 일관성은 자물쇠이고, 상담가의 개입은 열쇠인데… 어떤 열쇠가 작동할지는 항상 자물쇠에 의해 결정됩니다"라고 언급했던, 체계 이론가 폴 델(Paul Dell)과 의견을 같이합니다. 에커와 헐리는 이 흥미로운 자물쇠와 열쇠 이미지를 활용해 다음과 같이 저항을 설명합니다.

잘못된 열쇠가 사실 저항에 부딪히는 것은 맞지만, 그것은 자물쇠가 '저항'하기 때문이 아니라 단지 맞지 않기 때문입니다. 자물쇠는 단지 형성된 자신의 구조에 따라 일관되게 작동할 뿐입니다. 이와 마찬가지로 상담가가 저항을 직면하는 경험을 한다는 것은 상담가의 접근 방식이 내담자의 현실 구조와 맞지 않음을 의미합니다. 따라서 상담가는 자물쇠(내담자)를 탓하기보다는 자신의 접근 방식(열쇠)을 바꿔야 합니다. 다시 말해, 내담자가 비협조적이거나 병리적으로 건강해지기를 거부한다거나 또는 아직 치료받을 준비가 되지 않았다고 가정하기보다는, 델의 말처럼 "상담가가 아직 내담자에게 맞춰지지 않았다"라고 말하는 것이 더 정확하고 (정직한) 표현입니다.

이러한 접근 방식을 통한 목표 중 하나는 내담자가 자신이 느끼는 내적 갈등의 두 측면을 하나의 진술로 명확하게 표현하도록 돕는 것입니다. 예를 들어 "나는 ○○라는 특별한 목적을 위해 ○○ 증상을 활용하는 것이고, 나에게 이 목적을 달성하는 건 이 증상으로 인해 겪는 구체적인 고통과 어려움보다 더 가치 있다"고 말하도록 돕는 것입니다. 심층지향단기치료(DOBT) 상담가는 내담자에게 색인 카드를 제공하는 등 다양한 기법을 활용합니다. 특히 회기 말에는 내담자에게 색인 카드를 건네주는 방법을 사용합니다. 이 색인 카드에는 내담자의 증상과 관련된 정서적 진실, 즉 두 가지 입장이 가져오는 감정적 어려움을 강조하여 간결하게 적어줍니다. 내담자는 하루에 몇 차례 카드를 읽어 보고, 자기 삶에서 새롭게 발견한 '증상을 유지하려는 입장'에 관한 생각이나 경험을 기록합니다. 그리고 다음 회기에 상담가에게 그 기록을 가져오도록 합니다. 예를 들어 자신의 정체성을 패배자라고 인식하는 사람에게는 다음과 같은 내용이 적힌 카드를 줄 수 있습니다. "패배자나 실패자가 되는 것은 끔찍한 일이지만, 성공하는 것보다는 정서적으로 덜 힘들어. 나의 성공은 나약한 내 아버지를 위협하고, 겁먹게 할 뿐만 아니라 안정적이고 성공한 남자와의 관계를 견디지 못하는 어머니를 화나게 할 거야."

심층지향단기치료(DOBT) 기법에는 다양하고 독특한 영역과 관점이 있지만, 여기서 우리가 주목하는 핵심은 에커와 헐리가 치료 과정에 도입한 변화를 위한 '시인'(Confessional) 접근법입니다. 그들은 "내담자가 실제로 느끼지 않는 감정에 기반한 신념을 바꾸려 할 때 변화는 어렵습니다. 따라서 내담자가 문제를 해결하려면 먼저 자신의 문제를 유지하는 감정, 정서적 진실을 이해해야 합니다"라고 말합니다. 내담자가 자신의 삶을 새롭게 써 나가는 데 있어, 자신에게 일어나고 있는 정서적, 영적 진실을 인정하는 것이 변화를 위한 가장 기본적이며 근본적인 단계임을 우리는 여기서 다시 한번 알게 됩니다. 영적인 지도자나 상담가가 자신의 진실이나 이야기를 내담자에게 강요하려 한다면, 진정한 성장과 변화는 일어나기 어렵습니다. 인간의 문제를 질병이나 병리적인 관점에서 바라보기보다는 개인의 경험과 성장에 초점을 맞춘 이러한 접근 방식은 사람들이 자신의 존재 이유와 행동 방식에 대한 깊은 이해를 얻도록 돕습니다. 이는 곧 정서적, 영적인 차원에서의 진정한 자기 인식으로 이어지며, 이를 통해 우리는 다른 가능성을 열어두고 삶의 방향을 새롭게 설정할 수 있는 내면의 자유를 얻게 됩니다.

많은 이론가와 임상가들은 낮은 자존감이 수많은 사람에게 심각한 문제를 야기한다고 주장하지만 에커는 낮은 자존감은 기본적으로 원가족으로부터 받은 학대, 무시 혹은 방치 경험을 이해해 보려는 보호 행동(Protective Action)이라고 말합니다. 즉, 낮은 자존감을 유지함으로써 원가족 내 권위 인물과 깊은 내면적 유대감을 지속시킬 수 있기 때문입니다. 이를 통해 어린 시절 부모에게 느꼈던 배신감, 삶에서 놓친 기회들에 대한 슬픔, 무력감, 분노 등을 직면하고 표현하는 것을 회피할 수 있습니다. 그뿐만 아니라 낮은 자존감은 타인에게 받은 추가적인 상처나 공격을 막는 방어기제로 작용할 수도 있습니다. 실패함으로써 가족에게 복수할 수 있으며, 낮은 자존감을 이용해 타인으로부터 보살핌을 받을 수 있습니다. 뿐만 아니라, 익숙한 것을 잃는 두려움과 도덕적 책임을 회피할 수도 있습니다. 어떤 면에서는, 어떤 희생을 치르더라도 부모와의 관계에서 과거의 역할을 고수함으로써 마치 어린 시절에 머무르는 듯한 느낌을 받거나, 그 시절로 퇴행할 수도 있습니다. 따라서 낮은 자존감을 극복하고 더 나쁜 문제에 직면하는 것보다 낮은 자존감을 유지함으로써 생존하는 것이 더 나을 수 있기 때문입니다. 다시 말해, 이러한 상황은 개인이 권위적인 이미지를 절대적 대상으로 내면화하고, 낮은 자존감과 자기 파괴적인 태도를 보이면서까지 그 우상과의 관계를 필사적으로 유지하려는 모습을 보여줍니다. 내면화된 부모 이미지와의 관계를 끊고 홀로 황량한 곳을 떠도는 것보다는 모든 단점에도 불구하고 그 관계를 유지하는 편이 낫다고 생각하는 것입니다.

위의 내용을 바탕으로 자신의 경험을 되돌아보며 "혹시 더 두렵거나 힘든 일을 마주하지 않으려고 의도적으로 유지하고 있는 문제나 증상이 있나요?"라는 질문에 스스로에게 답해 보시기 바랍니다.

해결중심의 언어로 다시 말하기

당신은 얼마나 자주 스스로에게 늦장 부리기나 과음처럼 안 좋은 행동을 멈춰야 한다고 말하나요? 혹은 규칙적인 기도나 일기 쓰기처럼 도움이 될 행동을 하지 않는 자신을 얼마나 자주 나무라나요? 그럼에도 불구하고, 여전히 같은 문제를 반복하며 새로운 해결책을 실천에 옮기지 못하고 있지는 않나요? 스스로를 탓하며 변화를 꾀하지만, 당신의 그러한 변화의 노력은 번번이 실패하거나 오래가지 못하곤 합니다.

그렇다면 문제 자체보다는 해결 방안에 집중해 보는 건 어떨까요? 이러한 관점으로 당신의 삶을 다시 쓰려면, 현재 겪고 있는 문제가 사실은 어린 시절 원가족 내에서 겪었던 관계적 어려움을 극복하기 위해 시작되었다는 사실을 이해하는 것이 중요합니다. 당신은 가족 내에서 살아남기 위해, 그 환경에 정서적으로 대응하는 데 필요한 해결책을 개발해야만 했습니다. 안타깝게도, 많은 경우 이러한 생존 전략은 자기희생적이고 자기 파괴적이며 자책하는 방식으로 나타납니다. 당신이 찾은 생존을 위한 해결책은 두렵고 학대적이며, 방임하고 거부하거나 버리는 권위자들이 지배하는 세상에서 살아남기 위한 필사적인 노력이었던 것입니다. 어린 시절 당신의 미성숙했던 자기(Self)는 억압, 부정, 수동성, 자기혐오 등을 통해 권위자의 심기를 거스르지 않고 살아남는 방법을 터득했을지 모릅니다. 하지만 이러한 어린 시절의 생존 방식은 성인이 된 후 우울증이나 낮은 자존감과 같은 문제로 이어질 수 있습니다. 이제는 성인이 된 당신, 과거의 자신을 너무 몰아세우지 말고 따뜻한 시선으로 바라봐 주세요. 어린 시절의 그 행동들은 당신이 살아남기 위해 필사적으로 선택한 방법이었을 뿐입니다. 그 시절의 자신에게 좀 더 너그러워진다면, 현재의 문제를 새로운 시각으로 바라보고 해결책을 찾는 데 도움이 될 것입니다.

해결중심 치료는 자기 자신에 대한 부정적인 생각, 실패감, 무력감 그리고 현재 처한 곤경에 매몰되는 대신 다른 곳으로 시선을 돌리도록 유도합니다. 자, 과거에 성공을 경험했거나 문제를 새로운 방식으로 해결했던 순간과 장소들에 집중해 보세요. 낡고 습관적인 해결책 대신, 문제를 다른 방식으로 해결했던 그 순간과 상황들을 떠올려 보는 겁니다. 예를 들어 영적 지도자나 상담가와의 대화에서는 문제에 직면했을 때 느꼈던 좌절감이나 고통스러운 감정뿐만 아니라, 과거에 시도했지만 잊고 있었던 창의적이고 효과적인 해결 방식에 대해서도 이야기해 볼 수 있습니다. 이 접근법은 일주일 동안 기존의 방식이 아닌, 다른 대처 방법을 사용하여 문제를 해결했던 순간들에 집중할 것을 권장합니다(예를 들어 음주 문제로 어려움을 겪는 사람이 일시적으로 술을 마셨을 때, 이 접근법은 왜 술을 마시게 되었는지에 대한 자책보다는 그 상황을 극복하고 다시 앞으로 나아갈 수 있도록 도와준 요인은 무엇인지를 찾는 데 집중하게 합니다).

해결중심 치료적 접근에는 다음과 같은 세 가지 원칙이 있습니다.

1. 고장 나지 않았다면 **고치지 말 것!**
2. 어떤 게 효과가 있는 것을 알게 되면, **그걸 더 많이 해볼 것!**
3. 효과가 없다면, 다시 하지 말 것. 그리고 **다른 것을 시도할 것!**[46]

일부 상담가는 '기적의 질문'을 활용하여 내담자에게 기적적인 해결책이 생겨 문제가 완전히 사라진 미래를 상상해 보도록 하기도 합니다. 예를 들어 어느 날 밤, 당신이 잠든 사이에 기적이 일어나서 당신을 상담실에 오게 한 문제가 해결되었다고 가정해 보세요. 하지만 당신은 잠들어 있어서 그 기적을 알아차리지 못했습니다. 아침에 눈을 떴을 때, 기적이 일어났음을 알려주는 변화가 있다면 무엇일까요? 그 밖의 또 어떤 변화들이 있을까요?[47]

비슷한 맥락에서, 스스로에게 "만약 하룻밤 사이에 기적이 일어나 내 문제가 해결된다면, 내 영적인 이야기와 삶은 어떻게 달라지고 변화할까?"라고 질문해 볼 수 있습니다. 때로는 변화된 모습을 그려보고 상상하는 것만으로도 기적 같은 변화를 현실로 만드는 데 도움이 될 수 있습니다.

만약 변화를 이루지 못하는 자신을 과도하게 비판해 왔다면, 해결중심적인 사고방식으로 전환하는 것이 도움이 될 수 있습니다. 이 접근법은 어린 시절의 생존 전략에 갇혀 자신을 탓하고 수치스럽게 여기는 굴레에서 벗어나도록 돕습니다. 예를 들어 '저항적', '어려운', '방

어적', '상호 의존적', '부정적' 등과 같은 말들, 즉 변화
에 대한 어려움을 개인의 잘못으로 돌리는 듯한 비난과
죄책감이 담긴 단어들은 이러한 사고방식에서는 지양됩
니다.

비록 과거 원가족 안에서 자책하는 행동이 당신에게
는 불가피했을지라도, 이제는 하나님의 사랑과 그리스
도 안에서의 용서 그리고 진실한 목소리를 통한 신성한
해결책이 있음을 묵상해 보시길 바랍니다. 당신이 지금
까지 해오던 속죄자나 구원자의 역할에 얽매이기보다
는, 그리스도 안에서 당신에게 베풀어진 사랑과 십자가,
부활이라는 궁극적인 해결책을 믿고 의지할 수 있을 것
입니다.

오래된 서사 다시 쓰기

다니엘 테일러(Daniel Taylor)는 이렇게 말했습니다.

당신은 당신의 이야기 그 자체입니다. 당신은 당신이 듣
고 경험한 모든 이야기, 심지어 한 번도 들어본 적 없는
수많은 이야기들의 결과물입니다. 그 이야기들은 당신

이 자신과 세상 그리고 세상 속에서 당신의 위치를 바라보는 방식을 형성케 했습니다. 당신의 첫 번째 이야기꾼은 가정, 학교, 대중문화 그리고 어쩌면 교회였을 것입니다. 건강한 이야기를 알고 받아들이는 것은 올바르고 건강한 삶을 사는 데 매우 중요합니다. 현재 당신 삶의 이야기가 깨지거나 병들었더라도 그 이야기는 치유될 수 있습니다. 필요하다면, 살아갈 가치가 있는 줄거리를 가진 새로운 이야기로 대체될 수도 있습니다.[48]

호주의 마이클 화이트(Michael White)와 뉴질랜드의 데이비드 엡스턴(David Epston)이 개발한 이야기 치료는 변화를 향한 희망적인 접근법입니다. 모든 사람은 자신의 삶을 억압하고 짓누르는 자신의 우울한 이야기로부터 스스로를 해방시킬 수 있는 내적인 힘을 가지고 있다는 믿음에 기반하기 때문입니다. 이야기 치료 과정에서 임상가나 목회자, 영적 지도자 또는 친구는 당신이 살아온 삶의 이야기가 진실과 실재에 관한 이야기가 아님을 깨닫도록 도와줄 수 있습니다. 화이트와 엡스턴이 지적했듯이, 당신에 관한 그 이야기는 심리적 혹은 정치적인 관점에서 보면, 억압적이고 지배적이며 불공정한 이야기일 수 있습니다. 목회적 관점에서 볼 때, 그 이야기는 복음의 진리로 가장한 거짓일 뿐만 아니라, 참된 진리와 실재인 것처럼 당신을 기만적으로 속인 당신 내면의 대상에 의해 쓰인 것일 수 있습니다. 따라서 이야기 치료의 목표는 서사적 관점에서 자신이 결코 문제가 아님을 인식하는 것입니다.

> 사람도, 사람들 사이의 관계도 문제가 아닙니다. 오히려, 문제 자체가 문제이며, 그다음으로는 사람이 문제와 어떤 관계를 맺는지가 문제입니다.[49]

달리 말해, 이야기 치료는 자기에 대한 그릇된 인식에서 비롯된 자기 정체성에서 당신을 해방시킵니다. 그리고 문제뿐 아니라, 당신의 이야기를 당신의 진정한 자아로부터 분리된 외부적인 대상으로 인식하도록 돕습니다. 그리고 당신의 이야기가 당신을 억압하고 자존감을 떨어뜨렸다면, 그 이야기를 새로운 방식으로 다시 써 내려갈 수 있도록 격려합니다. 화이트와 엡스턴은 외재화 과정을 다음과 같이 설명합니다.

이야기 치료에서 외재화는 사람들이 억압적으로 경험했던 문제를 객관화하고, 때로는 이를 의인화하도록 돕는 접근법입니다. 이 과정에서 문제는 별개의 실체가 되어, 문제로 묘사된 사람이나 관계로부터 분리됩니다. 사람이나 관계에 내재된 것으로 여겨지는 문제들과 고정불변의 특성으로 간주되었던 문제들은 더 이상 고정적이거나 제한적이지 않게 됩니다.[50]

해결중심 치료 상담가와 마찬가지로 이야기 치료 상담가들은 내담자들에게 자신의 생애를 되돌아보고 억압적인 이야기가 자신의 삶을 지배하지 않았던 시기에 집중하도록 안내합니다. 그리고 내담자들은 자신의 인생에서 예외적이거나 특별한 결과를 가져왔던 경험들을 떠올려 보게 됩니다. 이러한 과정을 통해 그들은 자기 삶의 이야기를 다시 쓸 수 있는 방법을 발견하게 됩니다. 이러한 예외적인 경험들은 문제에 지배당하지 않았던 빛나는 순간들과 같습니다. 이러한 접근법의 예시로는 평소 내성적이고, 자의식이 강하며 낯선 사회적 상황에서 두려움을 느끼는 사람을 들 수 있습니다. 하지만 이 사람도 특정한 상황에서는 의외의 적극성과 자신감을 보이며 사회적 상황에 적극적으로 참여했던 경험이 있을 수 있습니다. 이야기 치료 상담가는 이러한 건설적인 예외와 긍정적인 경험을 바탕으로 치료를 진행해 나갈 것입니다.

존 바잉-홀(John Byng-Hall)은 그의 저서 『가족 시나리오 다시 쓰기』(*Rewriting Family Scripts*)에서 사람들은 세 가지 시나리오, 즉 '반복적 시나리오', '수정된 시나리오', '즉흥적 시나리오' 중 하나를 선택해서 살아간다고 말합니다.[51] '반복적 시나리오'는 세대를 거쳐 전해 내려오며 삶의 지침이 되는 신화와 이야기 그리고 신념으로 구성된 시나리오를 의미합니다. '수정된 시나리오'를 선택해 사용하는 사람들은 어린 시절 자신에게 강요된 이야기와 시나리오로 인해 고통과 실망, 혹은 불편함을 겪었기 때문에 그와는 정반대의 방식으로 기능하기를 선택합니다. 그리고 '즉흥적 시나리오'는 삶의 이야기를 다시 쓰는 과정에서 자연스럽게 즉흥적으로 만들어지거나, 다른 사람들로부터 배우며 영향을 받아 쓰인 신화, 이야기, 스타일을 말합니다.

모든 사람 안에는 건설적이고 창의적인 본래의 자기가 존재하지만, 이 참자기는 거짓 정체성으로 이끄는 이야기들에 의해 가려지고, 억압되었다는 것이 이야기 치료의 가정입니다. 이야기 상담가는 "이야기가 내담자를 살아가게 한다"라고 말합니다. 따라서 거짓 정체성을 만들어 낸 이야기는 해체되어야 하고, 적극적이고 새롭게 쓰인 이야기로 수정되어야 한다고 말합니다. 즉, 이야기 치료는 내담자의 과거 이야기를 탈-신화화(Demythologizing)하고 새로운 이야기를 재-신화화(Remythologizing)하는 과정입니다. 앨런 패리(Alan Parry)와 로버트 도안(Robert E. Doan)은 다음과 같이 말합니다.

이야기 치료에서 자신의 이야기를 다시 쓰는 과정의 중요성은 아무리 강조해도 지나치지 않습니다. 다시 쓰는 과정은 가족의 신화를 해체하는 데 촉매 역할을 하며, 동시에 내담자가 원하는 방향으로 삶의 이야기를 새롭게 구성할 기회를 제공합니다. 다시 쓰는 과정을 생략한다는 것은 내담자를 '심리적으로나 논리적으로 자유낙하' 상태에 방치하는 것과 같습니다. 달리 말하면, 내담자를 이야기 바깥에 내버려두는 것입니다.[52]

이야기 치료에 대한 신학적 비판은 이야기를 창조하

는 과정에 어느 정도의 상대성과 주관성이 내재해 있다는 것입니다. 기독교적 관점에서 볼 때, 이야기를 다시 쓰거나 새롭게 창조하는 작업은 예수 그리스도 안에 계시된 하나님의 복음 이야기와의 관계 속에서 더욱 온전하게 이루어질 수 있습니다. 즉, 궁극적인 실재와 당신의 이웃 그리고 당신 자신에 대한 관점은 단순히 개인적인 관점에서 보는 것보다 기독교적 계시의 맥락에서 더욱 분명하게 이해될 수 있습니다. 그러나 이러한 접근 방식이 사람들의 삶과 그들이 새롭게 쓴 이야기에 복음을 강요하는 방식이 되어서는 안 됩니다. 오히려 이야기를 다시 쓰는 과정에서 성경의 계시를 함께 고려하여, 새로 쓰인 이야기가 복음의 궁극적 실재에 기초하도록 돕는 것이 중요합니다.

이야기 치료는 인종차별이나 성차별 등과 같이 사람들의 삶에 파괴적인 영향을 미치는 억압적인 제도와 세력을 고려한다는 점에서 높이 평가받습니다. 이야기를 재구성하는 과정에서 이야기 치료는 내담자들로 하여금 개인의 문제를 사회적 불평등이나 부조리와 연결지어 생각하도록 격려하고, 억압적인 상황에 저항하며 자신만의 해결책을 찾도록 돕습니다. 이러한 특성 때문에 일부 학자들은 이야기 치료가 사람들을 억압적인 제도로부터 해방시키려는 목표를 가진 해방신학과 유사하다고 평가하기도 합니다.

영적인 삶의 이야기를 다시 쓰는 데 유용한 한 가지 기법은 과거의 억압적이었던 이야기와 새롭게 쓰인 이야기에 각각 다른 제목을 붙이는 것입니다. 예를 들어 어떤 이는 자신의 과거 이야기에 "실패자와 패배자"라는 제목을 붙이고, 다시 쓴 이야기에는 "회복력으로 다시 일어선 나"라는 제목을 붙였습니다.

당신이 자신의 이야기를 다시 쓰면서 경험한 변화는 당신의 주변 사람들과 사회적 기관의 도움을 통해 더욱 견고해지고, 현실화될 수 있습니다. 주변의 긍정적 지지 체계를 구축해 나가는 과정에서 이야기 치료는 특히, 교회가 교회 구성원들의 성장과 발전을 반영하고 지지하는 역할을 해야 한다고 강조합니다. 어린 시절부터 정죄를 받으며 살아온 교인들은 교회의 사역과 이야기를 통해 사랑과 은혜가 실제로 구현되는 교회를 경험할 필요가 있습니다.

이야기 치료는 "옛사람들에게 말한바… 내가 너희에게 이르노니…"[53]라고 하신 예수의 말씀을 떠올리게 합니다. 즉, 과거에 권위를 지녔던 것들과 당신 삶의 중심 이야기로 여겨졌던 것들이 신화적 권위를 잃게 되면서, 이제는 종교 공동체와 복음이 그에 대응하는 새로운 이야기뿐만 아니라 그리스도 안에서 하나님의 새로운 창조적 권위를 제시할 수 있게 됩니다.

포스트모더니즘적인 구성주의를 포함한 심리학적 관점과 뉴에이지(New Age)에 기반한 영적 관점에서는 내용 자체가 중요한 것은 아니라고 주장합니다. 즉, 절대적인 진리는 존재하지 않으며, 우리가 경험하는 모든 것은 개인이나 사회가 만들어 낸 이야기에 불과하다는 것입니다. 따라서 이러한 관점은 객관적인 진리를 찾기보다 자기 경험에 집중하고, 삶의 흐름에 따라 유연하게 대처하는 것이 중요하다고 강조합니다. 하지만 나는 영적인 삶의 이야기를 새롭게 써 나가는 과정에서, 당신이 "경험 자체뿐 아니라 그 경험의 내용도 함께 고려해야 한다"고 말하고 싶습니다. 진정한 권위는 사실, 경험 안에 있습니다. 더 나아가 진정한 권위는 경험에 의해 주어지는 권위이기보다는, 경험을 가능하게 하고 의미 있게 만드는 "우리가 직접 경험하고 체득한 권위입니다."[54] 즉, 당신의 영혼은 개인적인 감정이나 생각을 넘어, 더 높은 가치와 원리에 뿌리를 내려야 합니다. 경험 자체가 유일한 권위가 되어서는 안 되며, 하나님의 사랑과 은혜의 가르침도 권위의 원천으로 인정되어야 합니다.

사람들은 종종 권위주의적인 교리, 제도, 종교에서 벗어나려다가 핵심적인 가치까지 함께 잃는 실수를 범하며, 인간의 경험만을 유일한 권위의 원천으로 삼는 경우가 너무 많습니다. 이는 전통적인 권위를 억압적이고, 불의하며 파괴적인 것으로 여기기 때문입니다. 그러나 기독교 신앙에 계시된 진리가 확증하듯 모든 이야기를 아우르는 참된 이야기가 있으며, 모든 신을 초월하는 하나님 그리고 우리의 인식을 넘어서는 궁극적 실재는 존재합니다. 따라서 심리적, 영적인 안녕을 온전히 누리기 위해서는 신앙 안에 계시된 궁극적 진리를 바탕으로 자신의 이야기를 새롭게 써 나가야 합니다.

4장

가족의 그림자와
현재의 나

어린 시절 가족 관계에서 형성된 기본적인 관계 패턴은
성인이 되어서도 다양한 관계에서 반복되는 경향이 있
습니다. 사회생활이나 직장에서의 관계 역시 이러한 패
턴에서 벗어나지 않습니다.
_ 머레이 보웬(Murray Bowen)[1]

자신만의 삶을 살아가기 시작할 때, 당신은 두 가지 선택
을 하게 됩니다. 어린 시절의 패턴을 그대로 반복하며 살
아가거나, 그것을 딛고 일어서서 마침내 그 굴레에서 완
전히 벗어나는 것입니다.
_ 로셀렌 브라운(Rosellen Brown)

1970년대 초, 나는 매사추세츠 서부에서 "가족 치료

에서 자기의 활용"이라는 주제로 열린 학술대회에 참석했습니다. 버지니아 사티어(Virginia Satir)[2]와 같은 가족 치료의 선구자들이 연사로 나서 전문가들에게 강연하는 행사였습니다. 그 학술대회에서 가장 흥미롭고 기억에 남는 일은 이전 발표자의 강연 내용을 모른 채 각자 발표하는 자리였음에도 불구하고, 거의 모든 연사가 강연 초반에 "나는 다섯 살 때부터 원가족에서 가족 상담가가 되기 위한 훈련을 받았다"라는 말을 여러 번 언급했던 일입니다. 우리 모두는 직업이나 사회적 역할과 관계없이 문제에 대처하는 방식, 상황에 대응하는 패턴, 심지어 직업적 역할까지 원가족에서 학습하게 됩니다.

랍비인 에드윈 프리드먼(Edwin H. Friedman)은 교회, 기업, 정부 서비스, 임상 업무와 같은 다양한 분야에서 리더십(Leadership)의 핵심은 원가족으로부터 자신을 차별화할 수 있는 개인의 역량에 있다고 지적한 바 있습니다. 그는 어떤 시스템이나 가족을 변화시키는 데 가장 중요한 요소를 "리더가 조직 체계 내에서 불안해하지 않는 상태를 유지하면서 자신의 목표와 가치를 정의하는 능력"[3]이라고 말합니다. 그는 또한 "자기 정의(Self-Definition)는 전문성보다 더 중요한 변화의 요인"이며, "특히 각 개인이 속한 교회 공동체나 가족이 불안해할 때, 전문성과 자기 정의의 우선순위를 뒤바꾸는 경향이 있다"[4]고 밝히고 있습니다. 리더십에 관한 프리드먼의 이러한 정의는 예수가 자신의 제자가 되기 위해서는 원가족으로부터 (심지어 미워하는 것처럼 보일 정도로) 분화되어야 한다고 말했던 것과 맥을 같이합니다.

이와 같은 접근 방식은 교회와 유대교 회당을 넘어 다른 업무 시스템으로도 확장되었습니다. 가족 내에서 형성된 그림자 패턴은 직장에서도 나타날 수 있으며, 사람들이 원가족에게서 학습한 패턴은 시장과 사무실뿐만 아니라 종교 기관에서도 반복될 수 있습니다.

아이는 종종 원가족에서 비합리적인 역할이나 위치를 부여받게 되는데, 이렇게 내면화된 가족의 짐은 무의식중에 직장과 교회까지 영향을 미치게 됩니다. 데이비드 울리히(David Ulrich)와 해리 던(Harry Dunne)은 "가족의 새로운 구성원이 어떤 존재가 되어야 하고, 무엇을 해야 하며, 어떤 역할을 대리해야 하는지에 대해 과거 세대의 가족 구성원이 정해 놓은 가족 지침이 있다"고 지적힙니다. "아이는 소속감을 잃을까 두려워 주이진 역할을 받아들이지만, 그 역할을 유지하는 진짜 이유는 양육을 받은 것에 대한 보답으로 느끼는 의무감, 즉 충성심 때문입니다"라고 설명합니다. 또한 일부 사람들에게는 성인이 되어서도 어린 시절의 역할에서 벗어나지 못한다는 설명이 이해하기 어려울 수 있습니다. 예를 들어, 어린 시절 할머니에게 보였던 행동 방식이 현재 상사를 대하는 태도에 그대로 영향을 미친다는 생각이 어떤 사람들에게는 현실성이 없어 보일 수도 있습니다. 하지만 가족 내에서 학습된 관계 패턴이 직장 생활에도 그대로 반영된다는 사실은 이미 잘 알려진 현상입니다. 과거의 태도와 행동 패턴은 우리가 생각하는 것보다 훨씬 쉽게 재현될 수 있으며, 흥미롭게도 사람들은 직장에서 자신에게 친숙한 가족 구성원의 역할을 대신할 사람을 무의식중에 찾아내곤 합니다. 직장이야말로 이러한 역할 재현이 일어나기에 최적의 환경이라고 볼 수 있습니다.[5]

우리 모두 원가족에서 배운 관계 패턴이 우리의 직장에서 어떻게 재현되는지 신중히 살펴볼 필요가 있습니다. 특히, 교회 지도자들에게 있어 각자의 사역 안에서 타인을 돕는 자신의 역할이 그들에게 어떤 영향을 미치는지 돌아보는 일은 매우 중요합니다. 다음 내용은 목회 사역, 특별히 목회 상담에 종사하는 사람들에게 더욱 직접적으로 적용될 수 있지만, 친구나 친척을 돌보는 우리의 역할에도 시사하는 바가 큽니다.

많은 돌봄 제공자는 무의식적으로 자신의 원가족 구성원을 치유하려는 욕구에 사로잡혀 있으며, 이러한 욕구로 인해 자신이 함께 했던 가족 구성원의 모습을 무의식적으로 자신이 돕고자 하는 사람들에게 투사하곤 합니다. 종종 그러한 돌봄 제공자들은 다른 사람들을 변화시키고 치유해야만 자신이 온전해질 수 있다는 강렬한 욕구를 느낍니다. 그들은 어쩌면 가족을 바꿀 수 없다는 현실과 그로 인한 아픔을 정면으로 마주하기가 너무 어려워서 회피하고 있는 것일 수도 있습니다. 영적 돌봄 제공자들이 자신의 도움을 거부하는 사람들에게 화를 내고 좌절하는 것은 어쩌면 당연한 일일지도 모릅니다. 그들은 다른 사람들을 변화시키는 것을 통해서만 자신의 존재 가치를 인정받는다고 믿기 때문입니다. 돌봄을 받는 사람이 상담사에게 '나를 꼭 고치고 바꿔야겠다'는 절박한 마음이 있다는 것을 느끼게 되면, 자연스럽게 저항하게 됩니다. 조건 없는 사랑과 있는 그대로의 받아들임을 경험하지 못한다고 느끼기 때문입니다. 다른 사람을 치유하려는 이러한 돌봄 제공자들의 강한 열망과 변화하지 않는 사람들에 대한 짜증 뒤에는 해결되지 않은 슬픔, 즉 자신이 변화시키거나 치유할 수 없었던 가족 체계 안에서 성장하며 느꼈던 무력감과 절망감이 숨겨져 있습니다. 그들은 무의식적으로 자신의 직업, 현재의 관계 그리고 자신들이 속한 시스템 안에서 어린 시절 원가족 내에서 이루지 못했던 것을 성취하려고 노력합니다. 어린 시절 그들은 자신의 안전, 안정감 그리고 행복이 가족 구성원들의 행동 방식의 변화에 달려 있다고 느꼈습니다. 하지만 성인이 된 돌봄 제공자들이 자신의 행복을 타인의 변화와 성장에만 의존한다면, 다른 사람에게 진정한 도움을 줄 수 없습니다.

영적 지도자로서 당신이 도움을 주고자 하는 사람에게 자신의 힘을 넘겨줄 때마다, 즉 그 사람이 나아져야만 당신이 괜찮거나 성공적이라고 느낄 때, 도움을 주고받는 관계는 교착상태에 빠지게 됩니다. 당신이 어린 시절 중요한 인물들을 변화시키고 치유할 수 없었던 자신의 슬픔과 무력감을 온전히 받아들일 때만, 비로소 도움을 주는 사람으로서 당신은 다른 사람에게 "회복해라" 또는 "행동을 바로 해라"라고 암묵적으로 요구하지 않게 됩니다. 이러한 관점은 심각한 알코올 중독 문제를 가진 교인을 상담하던 한 목사의 이야기에서 잘 드러납니다. 목사는 자신이 상담하던 교인이 금주하는 것을 매우 자랑스럽게 여겼는데, 어느 날 그 교인이 심각한 폭음을 하게 됩니다. 나중에 무슨 일이 있었는지 묻자, 그 교인은 "목사님이 마치 영적 착취자처럼 저를 자신의 성공을 위한 도구로 여기는 것 같았습니다. 저는 그렇게 이용당하고 싶지 않았습니다"라고 말했습니다. 결국, 그의 폭음은 재발이라는 엄청난 대가를 치르더라도 목사에게 굴복하지 않고 자신의 존엄성을 지키기 위한 저항이었던 것입니다.

돌봄 제공자로서 우리 중 많은 이들은 무의식적으로 다음과 같은 구원 전략을 취합니다. 어린 시절 가족으로부터 받은 슬픔, 상처, 무력감, 분노, 절망감, 불안 등의 참을 수 없는 감정을 외면하고, 돕는 자 혹은 돌봄 제공자라는 자칭 구세주 역할을 통해 다른 사람을 치유하고 변화시킴으로써 그러한 감정을 억누르고 회피하는 방식으로 대처하는 것입니다. 심리학자인 이고르 카루소(Igor Caruso)는 치유자와 돌봄 제공자들이 자신 안에 있는 '그리스도 원형'과 마주해야 한다고 지적했습니다. 카루소는 분석가에 대해 이렇게 말합니다.

만약 분석가가 그리스도의 원형, 즉 만인을 구원하고자 하는 욕망을 의식적으로 정화하지 못한다면, 자신의 구원자 역할에 매료될 위험에 처하게 됩니다. 정신분석가의 가장 큰 유혹은 하나님이 되어 그리스도의 역할을 하는 것이며, 이 유혹은 대부분 무의식적으로 작용하기 때문에 더욱 뿌리치기 어렵습니다.[6]

만약 우리가 원가족 안에서 치유자나 구원자의 역할을 해왔고, 사역과 일 그리고 대인 관계에서도 그 역할을 반복한다면, 우리는 많은 좌절과 불행을 겪게 될 것이며, 진정한 구원자에게서 오는 은혜와 사랑의 실재를 경험하지 못할 것입니다. 또한, 치료, 영성 수련, 도움이 되는 자기 계발 서적, 영적 수련회 등이 우리를 끈질긴 우상의 손아귀에서 벗어나게 해준다는 보장도 없습니다. 우리 내면에 있는 거짓 신들을 직접 알아차리고 그들과 정서적으로 대면하지 않는다면, 근본적인 영적 변화는 일어나지 않습니다. 우리는 우리의 내적 세계에 자리 잡은 내면화된 대상들이 마치 최고의 권위자인 것처럼 기능해 왔음을 고백하고 회개해야만, 우리를 사랑으로 택하신 참 하나님께 응답할 자유를 얻게 됩니다.

사례: 낯선 장면 속, 익숙한 감정

제이슨이라는 성직자는 모든 자격을 갖추었지만, 여전히 어린 시절 고착되었던 대상에 의해 지배당하고 있었습니다. 제이슨은 여러 상담가로부터 수년간 치료를 받았고, 여러 영적 지도자에게 수년간 영적 지도를 받았으며, 다양한 형식의 영성 수련회에 참석했습니다. 그리고 그는 건전한 신학 교육뿐만 아니라 목회 상담 박사학위, 다년간의 임상 지도 경험 그리고 많은 전문적 경험이 있었습니다. 그러나 자신은 깨닫지 못했지만, 그는 사실상 정체되어 있었습니다. 그는 지나치게 책임감이 강했고, 과도하게 헌신적이었으며, 과중한 업무를 떠안은 강박적인 목사였습니다. 또한 자신에게 너무 많은 것을 요구하고 기대하는 사람들과 교회 조직에 치여 지쳐버린 희생자였습니다. 목사로서 항상 압도당하고 지친 상태에 있는 자신의 모습이 사실은 어린 시절부터 이어져 온 익숙한 역할이라는 것을 거의 깨닫지 못했던 것입니다. 이런 역할 패턴은 그가 부모에 의해 내면화된 이미지에서 벗어나지 못하게 만들었습니다. 그의 어머니는 알코올 중독자였습니다. 그녀는 가끔 상냥했지만, 기본적으로 신뢰할 수 없고 의지할 수 없는 사람이었습니다. 그래서 많은 알코올 중독자의 성인 자녀들처럼 제이슨도 어머니와의 관계에서 부모 역할을 하는 아이가 되었습니다. 그래서 그는 마치 "나이 어린 내가 어른 노릇을 해야 했지"(I'm My Own, Grandpa)라는 옛 노래 가사처럼, 자신이 부모인 것처럼 어머니를 돌봐야 했습니다. 그는 아버지를 나약하고 무능력한 사람으로 여겼습니다. 아버지 또한 믿을 수 없는 사람이었으며, 외동아들인 제이슨을 옹호하지도 않았습니다. 게다가 알코올 중독인 아내에게 단호한 태도를 취하지 못하고 문제를 방치하는 모습만 보였습니다.

이런 상황 속에서 어린 제이슨은 불안정한 원가족에서 살아남기 위해 자신이 구조자, 돕는 자, 구원자가 되어야 한다는 것을 본능적으로 깨달았습니다. 하지만 성인이 된 후에도 제이슨이 여전히 깨닫지 못한 것이 있었습니다. 그것은 바로 그의 내면 깊숙이 자리 잡은 자신의 세계관이었습니다. 그는 무의식적으로 세계를 이렇게 바라보았습니다. 즉, 이 세상에는 신뢰할 수 없고 의존할 수 없는 궁극적 권위가 있으며, 이 권위는 서툴고 무능하게 우주를 다스리면서도 도움이 필요한 이들을 인도하고, 돕고 구원하기 위한 어떤 효과적이면서도 구체적인 개입을 하지 않는다는 것입니다. 결국 제이슨은 교회, 상담, 종교 공동체, 친구 관계 등에서 여전히 거짓 구원자 역할을 해야만 했습니다. 그의 인식 속에서 신은 약하고, 무능한 존재일 뿐이었습니다. 이로 인해 그는 과도한 책임감이라는 무거운 십자가를 스스로 메고, 모든 사람들과 자신을 구하려는 방어적인 생존 전략에 갇혀 살아야만 했던 것입니다.

해결중심 치료적 관점에서 제이슨을 이해해 보면, 가족 내에서 생존하기 위해 그가 선택한 해결책은 과잉 기능하는 부모화된 아이와 구원자가 되는 것이었습니다. 하지만 이런 무의식적 태도는 어른이 되어서도 계속되었습니다. 그는 마치 예수 그리스도를 대신해 모든 사람을 구원하려고 애썼지만, 정작 자신은 참된 평안을 얻지 못했습니다. 또한 제이슨은 이런 방식으로 살아감으로써, 부모 모두에게 심리적으로 버려졌다는 내면 아이의 깊은 공포와 마주하지 않을 수 있었습니다. 그에게는 이것이 그 무서운 현실을 피해 가는 방법이기도 했던 것입니다. 그는 분리불안이 너무나 견디기 힘들었기 때문에, 다른 사람들이 자신을 거부하지 않도록 모든 사람을 위해 헌신적으로 일하려고 애썼습니다. 그의 과도한 책임감은 스스로의 잘못을 속죄하려는 시도였습니다. 그는 사랑의 하나님이 먼저 우리를 사랑하시고 예수 그리스도를 통해 완전한 속죄를 이루셨다는 사실을 마음 깊이 받아들일 수 없었습니다. 제이슨이 표면적으로 고백하던 신학은 사랑과 은혜에 관한 것이었지만, 그의 내면 깊은 곳에 자리한 신념은 원가족이라는 용광로에서 형성된 것이었습니다. 그곳에서 그는 신뢰할 수 없는 세상에서 살아남기 위해 스스로가 구원자 역할을 맡아야만 했던 것이었습니다.

제이슨의 탈진, 과도한 일정 그리고 삶에서 책임 있는 한계와 경계를 설정하지 못하는 모습은 사실 그가 우상의 강압적이고 억압적인 폭정으로부터 해방되기 위해 도움을 요청하는 외침으로 해석될 수 있습니다. 그의 은밀한 기도는 이러했습니다. "오 하나님, 저를 강하게 지켜주시고, 힘을 주시며 저를 슈퍼맨으로 만들어 주세요. 그 어떤 의존 욕구로부터도, 내면 아이의 기대와 감정으로부터도. 그리고 통제할 수 없다는 불안감으로부터도 저를 지켜주소서. 아멘." 그는 "강한 부모가 되지 못하면 하나님의 나라에 들어갈 수 없다"라는 세속적인 성구를 마음속에 깊이 새겼습니다.

제이슨은 많은 돌봄 제공자, 교회 지도자, 종교 전문가들의 전형적인 모습을 보여줍니다. 이들은 훌륭한 일을 수행하고 다양한 방면에서 생산적으로 기여하지만, 마음 깊은 곳에서는 여전히 어린 시절의 심리적 우상에 얽매여 있습니다. 그들이 세상을 바라보는 렌즈와 대처 전략은 자기 속죄적이고 자기 파괴적인 패턴을 보이며, 이는 다양한 환경과 관계에서 끊임없이 반복됩니다. 의식적으로는 예수를 따르지만, 내면 깊은 곳에서는 여전히 내면의 파라오에게 얽매인 노예와 같습니다. 그들은 자유를 향해 광야로 나아가는 것을 두려워합니다. 히브리인들이 출애굽 당시 자신들을 이끌던 모세에게 화를 냈던 것처럼, 이들을 억압하는 우상으로부터 해방시키려는 사람들은 때로는 그들로부터의 적대적인 반응에 직면하기도 합니다. 영적 변화는 여러 면에서 우리를 감정적 노예 상태와 영적 속박에 가두는 내면의 우상, 즉 파라오로부터 벗어나는 해방의 과정인 것입니다.

감정적 반응 조절하기

우리 모두는 가족, 친구, 직장 동료, 교인 등에 의해 눌리는 감정의 '핫 버튼'(Hot Button)을 가지고 있습니다. 이러한 핫 버튼과 충동적인 감정 반응은 대개 원가족 내에서의 관계와 경험에서 비롯됩니다. 영적 여정은 우리 내면의 자유를 점점 더 확장시켜, 불가피하게 핫 버튼이 눌리는 상황에서도 다양한 대안적인 반응 중에서 현명한 방법을 선택할 수 있도록 이끌어 줍니다. 효과적인 영적 성장을 이루기 위해서는, 핫 버튼이 눌릴 때마다 반복적으로 나타나는 자동적인 반응을 알아차리고, 그 상황에 대한 반응을 창의적이고 따뜻한 방식으로 새롭게 써 나갈 수 있어야 합니다.

박사과정 연구에서, 웨인 켄달(Wayne Kendall)은 '알약' 교회와 '자두' 교회에서 사역하는 목회자 다섯 명을 인터뷰했습니다. 알약 교회(Pill Church) 모델은 에드윈 프리드먼(Edwin Friedman)이 사용한 용어로서, 자두 교회 (Plum Church)와 비교되는 교회 모델을 말합니다.[7] 모든 인터뷰에서 "목회자들은 어려움을 겪는 교회 공동체와 문제가 있는 교인들로 인해 자신이 어린 시절 겪었던 상처가 자극받고, 그들과의 관계에서 자신이 겪은 과거의 갈등 패턴이 반복적으로 재현된다는 사실을 깨닫고 깜짝 놀랐다"[8]고 말했습니다. 목회자들은 새로운 통찰을 통해 교인 중 성가시고, 통제적이며, 투덜대고, 화를 잘 내며, 반항적이고, 자기애적이며, 의기소침하고, 비판적이며, 우울하고, 판단적인 사람들이 어린 시절 관계에 어려움을 겪었던 인물, 주로 부모에 대해 해결되지 않은 감정들을 목회자에게 반복적으로 투사하고 있음을 알게 되었습니다. 예를 들어, 열 명의 목회자는 교회 내에서 지배적이고, 통제적이며, 오만하고, 독재적인 성향을 보이는 그룹의 사람들이 자신들이 과거 지배적이고 권위적인 부모에게 느꼈던 감정과 반응을 촉발시킨다는 사실을 발견했습니다. 반면에, 교회 내에서 영향력을 행사하는 이들에게 조용히 관망하며 개입하지 않는 교인들은 목회자들에게 있어 지배적인 부모에게 무기력하게 행동했거나 부재했던 다른 부모에 대한 감정을 불러일으켰습니다. 이처럼 원가족 내에서의 삼각관계 역동이 목회자가 미처 인지하지 못하는 사이에 교회 공동체 내에서 그대로 재연되고 있었던 것입니다.

우리에게 중요한 사람들과의 관계 속에서 겪는 상처와 고통이 사실은 어린 시절 원가족과의 관계에서 해결되지 않은 우리의 관계 역동과 패턴의 재현일 수 있습니다. 그리고 이는 우리가 우리 내면에서 치유해야 할 부분들입니다. 반복되는 꿈은 무의식이 우리에게 해결해야 할 문제가 있음을 알려주는 심리적 신호일 수 있습니다. 마찬가지로, 외부에서 계속 반복되는 갈등 때문에 우리가 억압받는다는 느낌이 들고 방어적으로 변할 때, 이런 어려운 상황을 의식적으로 성찰해야 합니다. 그리고 이를 복잡한 인간관계와 조직 속에서 새롭고 더 성숙한 대처 방법을 찾을 수 있는 기회로 활용해야 합니다.

이에 더해, 영적인 삶을 새롭게 쓰는 여정에서 영적 지도자, 목회 상담가 또는 영성 지향 상담가의 안내를 받는 것은 큰 도움이 될 수 있습니다. 이들은 당신이 신성한 사랑과 은혜와의 연결을 방해해 온 관계, 경험, 패턴, 장애물을 명확히 인식하도록 돕습니다. 안내자나 상담가를 찾을 때, 그들이 심리-영성적 지도와 상담에서 원가족을 핵심 개념으로 다루는지 문의해 볼 필요가 있습니다. 이러한 영적 지도자나 상담사들은 대개 당신이 과거의 상처와 굴레에서 자유로워져서 하나님이 약속하신 풍성한 삶으로 나아갈 수 있도록 돕는 다양한 방법과 기술을 사용할 것입니다.

원가족 배경을 고려한 슈퍼비전

이 부분은 주로 성직자, 상담가, 영적 지도자 등 업무의 일환으로 슈퍼비전(指導監督, Supervision)을 주고받는 사람들을 위한 것입니다.

원가족을 고려하지 않고 평신도와 목회자 사역을 슈퍼비전 하는 것은 하나님에 대한 언급 없이 신학을 논하는 것과 같습니다. 슈퍼비전은 전문적 지식, 기법적인 능력, 대인 관계를 주로 다룹니다. 하지만 자신의 업무와 종교적 리더십에 대한 전문적인 슈퍼비전을 받을 때 원가족의 핵심적인 역할을 간과하는 것은 마치 거실에 있는 코끼리를 못 본 체하는 것과 같습니다. 원가족 배경 이해를 바탕으로 한 슈퍼비전은 관련된 사람들 내면 깊숙이 자리한 신들과의 만남으로 비유될 수 있습니다. 이들의 내면에 깊이 자리한 종교적 드라마나 작용 신학은 어린 시절 가족 경험에서 비롯된 것이며, 실제로 슈퍼비전의 중요한 초점이 됩니다.

예를 들어 목회 상담에서 이러한 접근법은 내담자, 상담자 그리고 슈퍼바이저 모두의 근본적 세계관과 의미 체계가 원가족이라는 용광로 속에서 형성되었다는 것을 인정합니다. 내담자의 근본적인 문제 대부분은 그들의 어린 시절 경험에 깊이 뿌리내리고 있습니다. 상담 과정에서 상담자가 겪는 난관들은 대부분 상담자 자신의 원가족에서 비롯된 해결되지 않은 역전이(Counter-transference)⁹ 문제와 연관되어 있습니다. 슈퍼비전 관계에서 발생하는 좌절과 어려움은 주로 슈퍼바이저 또는 상담자의 어린 시절 원가족 내에서의 상호작용에서 억압했던 문제들에서 기인합니다.

　따라서 영적 지도자에 대한 슈퍼비전은 인지된 현실에 대한 인식의 틀(Maps of Reality), 의미와 신념 체계, 하나님과 자기 자신에 대한 정신적 표상 그리고 작용 신학적 세계관 등이 형성되는 데 중요한 역할을 한 원가족의 맥락을 반드시 고려해야 합니다. 슈퍼비전을 통해 영적 지도자는 자신의 인식의 틀, 신념 체계 그리고 세계관이 어떻게 형성되었는지 이해하게 되며, 이러한 요소들이 자신뿐 아니라 상담 관계에 있는 모든 이들에게 변화가 필요한 영역임을 발견하게 됩니다.

시간의 문을 두드리시는 하나님

퀘이커 신비주의자 토마스 켈리(Thomas Kelly)[10]는
『헌신의 증거』(*A Testament of Devotion*)에서 우리의 섬김
과 사역이 영원한 지금(Eternal Now)에 기반해야 함을 매
우 설득력 있게 이야기합니다. 켈리는 종교적으로 바쁘
게 살아가는 사람들의 열정적인 삶과 다른 이들의 치유
와 구원에 대한 과도한 책임감이 우리를 신성한 사랑으로
부터 멀어지게 한다고 믿습니다. 그는 이렇게 말합니다.

열정과 역동의 중심은 우리 안에 있는 것이 아니라 우리
가 함께 나누는 신성한 현존 안에 있습니다. 종교는 우리
의 관심사가 아니라 하나님의 관심사입니다. 우리가 종
교의 활동적인 주체라는 생각을 내려놓아야 합니다. 하
나님이 공격자, 침입자, 창시자로서 일하고 계신다는 것
을 깨달을수록 우리는 더 빨리 우리의 진정한 과제를 발
견하게 됩니다. 그 과제는 바로 사람들이 고요함 속에서
깨닫고, 경청하며, 신의 미묘한 속삭임에 귀 기울이도록
초대하는 것입니다. 우리의 임무는 먼저 다른 사람들이
외부의 신을 기쁘게 하려고 애쓰는 자기 만족적 노력을

내려놓도록 격려하는 것입니다. 시간의 문을 두드리는 하나님을 신뢰하십시오. 하나님이 우리를 찾아오십니다. 그분은 우리가 살아가는 매 순간을 당신의 임재로 가득 채우심으로써 우리의 '지금 이 순간'이 '영원한 현재'가 되기를 간절히 원하십니다. 나는 많은 종교인들이 현실 세계와 관련해서 하나님을 충분히 능동적인 분으로 진지하게 받아들이지 않는다고 생각합니다. … 선한 마음을 가진 너무나 많은 사람들이 하나님을 위해 자신이 무언가를 해드려야 한다는 생각에만 빠져 있어서, 정작 하나님께서 그들을 통해 일하시고자 하는 그분의 음성은 놓치고 있습니다.[11]

하나님은 평신도든 전문가이든 관계없이 우리 모두를 사랑하는 자녀로서 부르시고, 돌봄과 정의 구현·치유와 봉사의 영적인 섬김에 동참하도록 초대하십니다. 우리의 신들을 뛰어넘는 하나님께서 사랑으로 모든 것을 책임지십니다. 우리는 복음을 함께 나누는 기쁨을 누릴 수 있으며, 복음은 우리가 만들거나 혼자 짊어져야 할 짐이 아닙니다.

어린 시절과
다시 마주하기

양심에 따라 행하는 것이 양심이 무엇인지 아는 것보다
중요합니다.
_『그리스도를 본받아』(*Imitation of Christ*)에서

이 장에서는 원가족으로부터 최대로 분화하는 방법
들에 대해 살펴보고자 합니다. 이를 통해 우리는 하나님
을 향한 왜곡된 투사와 그릇된 신념 전이를 깨닫게 될
것입니다. 또한, 이 방법들을 통해 우리는 하나님의 참된
본질, 특히 그분의 사랑과 은혜를 마음속 깊이 받아들일
수 있도록 우리의 마음과 정신을 개방할 수 있게 될 것입
니다.

영적인 삶에 대해 새로 쓰기 위해서는 먼저 현재 당
신의 삶에서 가장 강력한 힘으로 작용하고 있는 내면화

된 권위들을 가능한 한 완전히 인식하고, 의식해야 합니다. 종교적 언어로 표현하면, 당신의 정신에서 진정한 신으로 가장하고 있는 거짓 권위가 무엇인지 고백해야 합니다. 그 과정에서 당신은 내사된 그 강력한 대상을 상상하고 시각화할 뿐만 아니라, 외재화하여 마치 '빈 의자'에 그들이 앉아 있듯이 느끼며 대화를 나눌 수 있어야 합니다.

그런 다음 두 번째 단계는 거짓된 절대 권위에 의해 지배되는 세상에서 살아남기 위해 어린 시절에 만들었던 해결책, 즉 당신의 구원을 위한 방어 전략에 대해 가능한 한 명확하게 의식하는 것입니다. 억압, 부정, 낮은 자존감, 우울증, 자기 파괴적 행동, 또는 과잉 성취나 자기혐오와 같은 자기 속죄 기제 등과 같은 심리적 방어기제를 통해 당신 스스로 자신의 성격 일부분을 십자가에 못 박았음을 깨달아야 합니다. 당신은 스스로를 가짜 그리스도 또는 가짜 구원자로 만들려고 했음을 고백해야 합니다. 나는 가끔 자신의 자기희생적인 속죄 전략에 대해 특별히 자부심을 느끼는 사람에게 "예수는 십자가 위에서 여섯 시간 동안 고난받으셨는데, 당신은 삼십오 년 동안 당신의 십자가에 매달려 있군요"라고 말하곤 합니다.

두 가지 우상 숭배, 즉 (1) 원가족으로부터 내사되어 당신의 삶을 지배하는 궁극적 실재에 대한 인식과, (2) 거짓 권위에 의해 잔인하게 지배되는 세상에서 생존하기 위해 스스로를 십자가에 못 박던 자신의 패턴, 이 두 가지에 대한 솔직한 고백은 참 하나님과 진정한 구세주의 현존을 경험하고 마음을 여는 데 필수적입니다.

내가 설명하고자 하는 것은 요한1서 5장 21절 "자녀들아 너희 자신을 지켜 우상에게서 멀리하라"[1]는 말씀에 담긴 심리적, 영적 과정입니다. 여기서 말하는 우상이란 하나님이 마땅히 차지해야 할 당신 마음속 자리를 빼앗으려는 모든 거짓 신들을 의미합니다. 즉, 하나님을 대신하여 당신 마음속 자리를 차지하려는 모든 존재와 하나님을 대신하여 당신의 삶에서 최우선 순위를 차지하려는 모든 대상을 말합니다.

또한 당신 삶에서의 예외적인 경험들, 즉 무조건적인 사랑과 은혜가 당신의 마음 깊은 곳에서 삶의 길잡이가 되어 준 순간들을 되돌아보시기를 바랍니다. 그러한 특별한 경험들을 바탕으로 당신의 삶을 더욱 풍요롭게 만들어 나갈 수 있을 것입니다. 예를 들어, 나는 때때로 내담자들에게 친인척이나 혹은 그 이외의 사람들 가운데 자신에게 반영적 사랑과 공감적 수용의 느낌을 경험케 해준 대상을 떠올려 보라고 권합니다. 사람들은 종종 자신에게 상처를 준 사람과의 관계에 너무 집중한 나머지 자신을 존중하며 따뜻하게 대해 준 다른 사람들의 은혜롭고 사랑스러운 모습을 간과하는 경우가 있습니다.

앞서 언급한 가계도 그리기 외에도, 다음의 기법들은 자기 이해 증진이나 영적 지도 및 목회 상담에 활용할 수 있습니다.

내 안의 다양한 목소리와 만나기

때로는 자신을 비판하고 판단하는 권위적인 목소리가 되어 보는 것도 도움이 될 수 있습니다. 이러한 과정을 통해 그러한 목소리들이 얼마나 크게 당신의 마음속에 절대적인 진리로 자리 잡고 있는지 살펴볼 수 있습니다. 예를 들어 어느 날 이른 아침 명상하고 일기를 쓰면서 나는 이 책을 쓰는 과정에서 겪는 어려움의 원인에 대해 생각해 보게 되었습니다. 그때 아버지의 비판적인 목소리가 자연스럽게 떠올랐습니다. "넌 할 수 없어. 넌 실패할 거야. 넌 멍청해. 넌 무능력해. 넌 열등해. 넌 부족해. 넌 성공해서는 안 돼. 네가 쓰는 글은 웃음거리가 될 거고, 비판받고 비웃음과 조롱을 당할 거야. 그러니 글쓰기를 미룰 핑계나 찾고 다른 일을 먼저 해.” 그리고 다음과 같은 비합리적인 결론을 내렸습니다. “나에 대한 아버지의 태도가 나에 대한 절대적 진실입니다. 아버지가 정의하는 내 모습이 나의 정체성과 가치의 유일하고도 진정한 근원입니다. 나에 대한 아버지의 평가는 하나님의 평가보다 더 중요합니다.” 그러고는 반어적인 의미로 다음의 말을 농담처럼 덧붙였습니다. “내가 이 책을 쓰지 못하게 방해하고, 나를 패배시키려 했던 아버지께 이 책을 바칩니다. 아니, 차라리 만약 아버지의 부정적인 목소리가 이겼다면 지금 여러분이 읽고 있는 이 책은 없었을 테니, 그 ‘존재하지 않는 책’(Nonbook)을 아버지께 헌정합니다.”

우리 중 많은 사람이 끊임없이 우리를 괴롭히는 이러한 부정적인 목소리에 시달립니다. 우리는 그 목소리를 경멸하면서도 그것에 복종합니다. 우상 숭배적인 그 목소리에 대한 순종은 우리의 창의성을 마비시키고 생산성을 저해할 수 있습니다. 이런 맥락에서 20세기 초 영국의 회중 교도였던 피터 테일러 포사이스는 “구원이란 새로우면서도 최종적인 권위를 획득하는 것을 의미한다"고 썼습니다.[2] 내게 있어 이 책을 쓰는 과정은 두 세계관 사이의 끊임없는 줄다리기입니다. 한쪽에는 사랑과 은혜가 지배하는 새로운 창조 세계가 있고, 다른 한쪽에는 어린 시절부터 내면화된 집안 신들이 정죄하며 지배하는 세계가 있습니다. 나는 이 두 세계 사이에서 어느 곳에 발을 딛고 글을 쓸 것인지 매일 선택하고 있습니다.

원가족에게 묶여 있는 감정적, 영적 진실을 밝혀내기 위해 다양하고 적극적인 방법을 활용할 수 있습니다. 머레이 보웬, 제임스 프라머(James Framo), 돈 윌리엄슨 등 수많은 전문가가 과거의 권위 인물들과 소통하는 방법에 관해 연구했습니다. 성인들은 부모가 어떤 사람인지, 그들은 어떤 삶을 살아왔는지 등에 대해 진심으로 궁금해하며 질문을 던질 때 종종 놀라운 경험을 하게 됩니다 (자세한 질문 내용에 관해서는 윌리엄슨의 『친밀감의 역설』을 참고하길 바람).[3] 부모의 성장 과정과 결혼 생활의 변화 과정을 이해하려면, 부모의 어린 시절 경험과 그들이 느꼈던 감정에 대한 깊이 있는 이해가 많은 도움이 될 수 있습니다. 한편으로는 부모를 신화화된 존재가 아닌, 인간적인 존재로 바라보는 과정은 성인 자녀가 부모를 이해하고 용서하며 화해할 수 있도록 돕습니다. 이 과정은 윌리엄 슨이 말하는 '졸업', 즉 부모에게 의존적이었던 아이에서 독립적인 성인으로 성장하는 과정으로 이어질 수 있습니다. 이와 마찬가지로 이러한 분화 과정은 우리의 행복과 온전함을 바라시는 '신성한 어머니, 아버지'와 연결될 수 있는 영적 자유를 우리에게 선사할 것입니다.

빈 의자 앞에서 시작된 대화

어떤 이들에게는 '빈 의자' 기법이 도움이 될 수 있습니다. 부모, 조부모, 형제자매의 성격 중 당신에게 힘들었던 부분을 의자에 앉히고, 그 사람과 그동안 효과적으로 소통하지 못했던 감정적 진실에 대해 상상 속에서 진실하게 대화를 나누는 방법입니다. 이때 중요한 것은 그 인물의 성격 전체와 당신이 의자에 앉힌 그 사람의 인격의 부정적이고 문제적인 측면을 명확히 구분하는 것입니다. 예를 들어 아버지가 때때로 화를 내거나 엄격할 수 있지만, 그렇다고 해서 아버지 전체를 나쁜 사람으로 규정해서는 안 됩니다. 때로는 상대방의 부정적이거나 권위적인 모습과 마주하고, 그들의 입장이 되어 볼 수도 있습니다. 그런 후, 그 안에 숨겨진 연약함과 상처를 이해하려고 노력하며, 방어적인 태도 없이 반응해 봄으로써 상대방에 대해 더 깊이 이해할 수 있게 됩니다. 부모의 내면 아이 또는 부모의 성격 중 취약한 측면과 연결될 때, 진정한 이해와 용서 그리고 화해가 가능합니다.

부모, 형제자매 또는 다른 중요한 친척이 사망했거나, 어떤 이유로 그 사람과 직접적인 대화를 나누는 일이 현명하지 않다고 판단될 경우, 그 사람에게 보내지 않을 편지를 써보고 목회자, 상담가 또는 영적 지도자와 상의해 볼 수 있습니다. 상대방에게 당신의 감정과 영적 진실을 담은 편지를 쓴 후에는, 받는 사람의 마음속 여리고 상처받기 쉬운 부분을 상상하며 답장을 써보는 것이 도움이 될 수 있습니다. 이러한 과정을 통해 얻은 새로운 자유와 용서를 통한 연결은 당신의 마음과 생각에 더 넓은 공간을 열어, 하나님의 사랑과 은혜의 참된 본질을 더욱 온전히 받아들일 수 있게 해줄 것입니다.

어떤 사람들은 세상을 떠난 친척들의 묘지에 찾아가 상상 속 대화를 나누는 것을 통해 마음의 해방과 치유를 경험하기도 합니다. 나는 아버지와 두 어머니가 함께 안

치된 묘지를 여러 번 찾아간 적이 있습니다. 그곳에서 나는 소리 지르고, 울고, 감사하고, 사랑을 표현하는 과정 속에서 내 안의 모든 감정을 솔직하게 털어놓을 수 있었습니다. 예전에는 말하지 못했던 것들을 그분들께 표현해야만 하나님과 더 깊고 친밀한 관계로 나아갈 수 있다는 것을 깨달았습니다. 그 후, 신성한 어머니, 아버지와의 소통은 더욱 풍요로워졌고, 나는 나의 우상에 대한 집착에서 벗어나 자유로워졌습니다.

나를 돌보는 법, 처음부터 다시

자신을 어떻게 돌보고 있는지 성찰해 보는 것도 도움이 될 수 있습니다. 우리는 부모에게 양육 받았던 방식대로 스스로를 양육하는 경향이 있습니다. 예를 들어 부모님이 당신을 방치했거나 당신에게 의존적이었다면, 다른 사람의 필요에는 열심히 관심을 기울이면서도 정작 자신의 내면 아이는 방치하고 있을지도 모릅니다. 마치 당신이 부모로부터 방치되었던 것처럼 말입니다. 당신은 자신을 향한 하나님의 사랑을 고백하면서도, 그 사랑을 내면화하여 내면 아이를 돌보고 성장시키는 데에는 적용하지 못했을 수도 있습니다. 그 결과, 무의식적으로 내면 아이를 방치하거나 학대함으로써 하나님의 부모와 같은 사랑을 거부하고 있을지도 모릅니다.

영적 여정의 어느 시점에 영적 지도자는 나의 내면 아이에게 이름을 지어줄 수 있는지 물었습니다. 나는 몇 달 동안 여러 이름을 떠올려 보았지만, 마음에 쏙 드는 이름을 찾을 수 없었습니다. 그러던 어느 날, 요한1서 4장 16절 말씀을 읽게 되었습니다. "하나님이 우리를 사랑하시는 사랑을 우리가 (관찰과 경험으로 이해하고, 인식하고, 의식하고) 알고 믿었노니(그 하나님의 사랑을 신뢰하고 의지합니다)"[4] 처음에는 어색하고 낯설었지만, 나는 내 내면 아이에게 '사랑받는 나'라는 이름을 지어주었습니다. 얼마 후, 헨리 나우웬의 책 『이는 내 사랑하는 자요』[5]를 읽으며, 나의 내면 아이가 비로소 자신을 온전히 발견한 듯한 느낌을 받았습니다. 그 책에서 '사랑받는 자'와 '어여쁜 이'라는 두 단어는 사실상 같은 의미로 다가왔습니다.

모순 속에 담긴 진실

역설을 다양하게 활용하면 타인, 하나님 그리고 자신

과의 관계에 깊이 내재된 역동을 온전히 이해하고, 기존 패턴을 유지할지 새로운 패턴을 선택할지에 대한 자유를 더욱 확장할 수 있습니다. 어떤 패턴들은 논리, 이성, 합리성을 적용하면 쉽게 변화하기도 합니다. 하지만 우리 삶을 지배하는 역동은 때때로 논리적이거나 합리적이지 않을 수 있습니다. 따라서 비합리적인 역동과 신념에 대처하기 위해서는 오히려 비합리적인 방법을 사용하는 것이 가장 효과적일 수 있습니다.

우리가 '증상 처방'이라고 부르는 역설적인 방법이 있습니다. 예를 들어 미루는 습관이 있는 사람은 스스로에게 "설교를 제시간에 작성하면 안 된다", "프로젝트를 마감일까지 완료하면 안 된다" 등의 말을 합니다. 만약 이 사람이 자신의 일정을 지시하는 내면의 압박에 저항하고 있다면, 그 사람의 자존감은 오히려 그러한 압박이 주는 요구에 맞서지 않으면 무너질 수 있습니다. '해야 할 일'과 '반드시 해야 할 일'을 내면의 압박이 지시하는 것과 정반대로 설정하고, 미루는 행위에 대한 주관적인 이유를 탐색함으로써, 미루는 사람은 선택의 폭을 넓히고 내면의 자유를 찾을 수 있습니다.

또 다른 예로, '숨 막히는 사랑'을 경험했던 사람이

있습니다. 이 사람은 기도를 통해 하나님과 더욱 친밀한 관계를 맺기 위한 영적 규율에 강한 거부감을 느낍니다. 그녀는 스스로에게 또는 상담가나 영적 지도자에게 기도와 영적 규율을 지키는 삶을 통해 하나님께 가까이 가는 것이 위험하다고 말할 수 있습니다. 과거에 부모에게 지나치게 의존했던 것처럼, 하나님과 가까워지면 자신의 정체성을 잃어버릴까 두렵기 때문입니다. 이 경우, 영적 안내자는 전능하신 분의 변호인처럼 행동할 필요가 없습니다. 오히려 역설적인 접근을 통해 신성한 사랑에 가까워지면 자신의 고유성을 잃을 수 있다는 순례자의 깊은 두려움을 이해하고 공감함으로써 순례자를 더 효과적으로 도울 수 있습니다. 순례자는 신성한 사랑을 압도적이고 숨 막히는 사랑으로 인식하고 있기 때문입니다.

사람들의 저항에 동참하는 이 역설적인 방법은 근본적으로 사람들을 있는 그대로 받아들이는 데 그 본질이 있습니다. 여기에는 주로 무의식적이거나 부정되고 있는 그들의 주관적인 이유까지도 수용하는 것이 포함됩니다. 이는 사람들이 종종 자신도 인식하지 못하는 중요한 이유들 때문에 지금 모습 그대로 있어야 한다는 것을 스스로 인정하고, 고백하도록 돕는 과정입니다.

새로운 창조 안에서 자신을 비롯해 다른 사람들이 현실을 새롭게 해석하도록 돕는 방법은 무수히 많습니다. 하지만 여기서는 영적 변화 과정의 핵심적인 차원들을 아우르는 몇 가지 쟁점, 질문 그리고 제안을 살펴보겠습니다.

인간의 권위와 하나님의 권위

나의 영적 여정을 돌아보면, 특히 아버지와 두 어머니와의 관계 패턴이 하나님과의 관계에 어떤 영향을 미쳤는지에 대해 성찰하면서 많은 도움을 받았습니다. 나는 이 과정을 체계적으로 계획하고 실행하기보다는 성령의 인도하심에 따라 자연스럽게 수행했습니다.

여러분도 각 문제의 핵심을 별도의 종이나 일기장의 각 페이지에 따로 적어보고, 마음이 이끌릴 때마다 하나씩 써 내려가는 것을 추천합니다.

1. 긍정적이든 부정적이든 당신의 삶에서 중요한 역할을 해온 하나님에 대한 이미지나 심상을 묘사하거나 그림으로 표현해 보세요. 그러한 하나님의 이미지

와 그것을 형성하는 데 영향을 준 인간관계 사이의 연
관성을 추적해 보세요. 특히 잘못된 권위를 가진 인물
과의 관계는 어떤 영향을 미쳤는지 생각해 보세요.

2. 거짓된 권위가 지배하는 세상에서 살아남기 위해
   당신이 사용했던 생존 전략은 무엇이었나요? 생존을
   위한 대처 기제가 어떻게 구원을 위한 방어 전략으로
   변화했는지 깊이 생각해 보세요.

3. 당신의 내면에서 계명과 세속적 경전처럼 작용했
   던, 원가족(및 기타 출처)에서 비롯된 규칙, 신념, 명령
   들로 이루어진 십계명을 작성해 보세요. 그런 다음, 그
   리스도 안에 있는 하나님의 진정한 마음과 영(Spirit)
   에 기반한 신념과 원칙으로 이루어진 당신만의 새로
   운 십계명을 작성해 보세요.

4. 어린 시절 당신에게 주어졌던 이야기의 제목을 붙이
   고, 진정한 창조주와 함께 새롭게 써 내려갈 이야기의
   제목을 적어보세요. 어린 시절 권위적인 인물들이 당
   신의 내면 아이에게 붙여준 이름을 적고, 신성한 사랑

의 관점에서 당신의 내면 아이에게 새롭게 이름을 지
어주세요.

5. 원가족의 영향 아래에서 당신이 사용했던 자기 속
   죄 방식들을 파악하고 설명해 보세요. 자기 파괴적인
   행동, 낮은 성취감, 과도한 책임감, 과잉 성취 등의 패
   턴이 포함될 수 있습니다. 원가족 중 누군가가 당신의
   실수나 잘못을 대신하여 속죄한 경험이 있나요? 그들
   의 행동에서 그리스도 안에서 용서하시는 하나님의
   모습을 발견할 수 있었나요?

6. 당신이 가진 예수 그리스도에 대한 이미지 중, 원가
   족 구성원과 관련된 것이 있다면 설명해 보세요. 예를
   들어 당신의 어린 시절에 변호자, 구출자, 치유자, 형
   이나 누나 또는 구세주와 같은 역할을 하며 예수 그리
   스도의 옹호, 치유, 구속의 모습을 보여준 사람이 있었
   나요? 당신에게 그런 종류의 돌봄과 사랑을 보여준 사
   람의 부재로 인해 옹호자이자 구세주이신 그리스도
   와 단절된 느낌을 경험한 적이 있나요?

7. 당신의 삶에서 당신 자신이 가족 전체나 어떤 가족
   구성원을 정서적으로 지탱해야 했거나, 가족 구성원
   에게 위로와 조언을 제공하고, 이성적인 의사소통의
   중심 역할을 해야 했던 적이 있었나요? 그로 인해 다른
   사람들에게 없어서는 안 될 위로자, 상담가, 중재자,
   짐을 짊어지는 사람이라는 자부심이나 메시아적인
   영광을 느꼈던 적이 있었나요? 가족으로부터 '가짜
   그리스도' 또는 가족의 '구원자'라는 비합리적인 역
   할을 부여받은 적이 있나요? 만약 당신이 그런 역할을
   했다면, 그 중요한 위치와 가치를 내려놓고 그리스도
   안에서 하나님이 진정한 위로자·치유자·구세주가 되
   도록 하는 데 어떤 어려움을 겪었나요?

8. 당신의 원가족은 그들 스스로의 행동을 정당화하
   기 위해 어떤 방식을 사용했나요? 또는 당신의 행동에
   대해 어떤 기대를 하고 있었나요? 가족 내에서 인정,
   사랑, 수용을 받기 위해 특정 조건을 충족해야 했나요?
   즉, 대인 관계에서 행동이나 성과를 통해 정당성을 얻
   어야 하는 패턴이 있었나요? 이러한 패턴을 의식적 또
   는 무의식적으로 조건적인 사랑의 신에게 전이해서,
   선행과 공로를 통해서만 신의 인정을 받아야 한다고

생각하게 된 것은 아닌가요?

9. 당신은 지배당하지 않기 위해 어떤 불안이나 불편한
   감정을 견뎌야 했습니까? 당신의 공포와 두려움의 실
   체를 구체적으로 밝힐 수 있나요? 예를 들어 나에게는
   분리불안과 정체성 상실에 대한 두려움이 있었습니
   다. 그런 다음, 당신은 하나님의 은혜와 다른 사람들의
   지지에 힘입어 견디기 힘든 것을 견뎌내고 공포에 맞
   서고 두려움의 속박에서 벗어날 수 있었나요?

10. 어떤 상황이나 관계에서 '수치심 감옥' 또는 '죄책
    감 감옥'이라고 불리는 상태에 갇히는 경향이 있나
    요? 당신은 자동적으로 죄책감과 수치심을 사실로
    받아들이나요? 죄책감을 유발하고 수치심을 주는
    목소리의 권위에 대해 진지하게 의문을 제기하나
    요? 그 비난하는 목소리가 예수 그리스도 안에 있는
    사랑과 은혜의 하나님을 대변하는지, 아니면 억압적
    인 우상을 대변하는지 스스로에게 질문해 보길 바랍
    니다. 당신은 예수 그리스도 안에서 하나님께서 당신
    을 변호해 주시고 용기를 주시도록 기도하나요? 거

짓 죄책감을 있는 그대로 인식하고, 수치심을 주는 믿음이 거짓임을 깨닫고, 당신의 건강하지 못한 거짓 죄책감과 수치심을 치유해 달라고 기도하나요? 당신의 건강하고 책임감 있는 죄책감이 사실은 우상에 대한 맹목적인 복종이나 수동적인 태도에서 비롯되었으며, 당신을 향한 하나님의 변함없는 사랑에 온전히 응답하지 못한 데서 온 것임을 깨닫도록 기도하나요? "오직 주께만 죄를 지었사오니"[6]라는 성경의 진리를 마음 깊이 새기고 있나요? 당신을 향한 그 놀라운 사랑 안에서 하나님의 용서하시는 은혜를 기쁨으로 받아들이고 있나요?

11. 당신은 부당한 비판과 비난을 받을 때 감정적으로 동요하지 않고 침착하게 대응할 수 있나요? 칭찬이나 비판 모두에 평온한 마음으로 반응할 수 있나요? 비판에 대한 부정적인 반응이 당신의 숨겨진 자존심을 드러내지는 않나요? 누군가 당신에 대해 험담하거나 비난하거나 거절할 때, "그래서 어쩌라고?"라고 말하며 자신의 평판과 자존심에 연연하지 않을 수 있나요? 예수님의 가르침처럼 영적으로 성숙하여, 다른 뺨을 돌려대고, 일흔 번씩 일곱 번 용서하며, 원

수와 낯선 사람 그리고 나와 다른 사람까지도 사랑할
수 있나요?

12. 다른 사람을 돕고 그들과 교류하는 당신의 이타적
이고 헌신적인 태도가 사실은 이타적인 사랑과 사려
깊은 베풂에 대한 미묘한 교만을 감추고 있는 것은 아
닌가요? 페넬롱의 말처럼, 당신은 "세상에서도 이타
심과 관대함의 영광을 추구하고 있습니까?"[7] "이타
적인 사랑의 기쁨을 탐하며, 이를 통해 은근히 자신의
자존감을 높이고자 하는 것은 아닌가요?"[8]

13. 하나님께서 당신에게 용기와 통찰력을 주셔서 그
리스도 안에서 하나님의 사랑과 은혜를 받아들이는
것을 방해하는 패턴, 고착, 집착, 우상 숭배를 직면하
고 극복할 수 있도록 기도하시나요?

이러한 질문과 문제들은 나의 영적 투쟁 과정에서
나온 것들입니다. 이 질문들은 내가 품고 있던 하나님과
예수 그리스도에 대한 왜곡된 이해를 깨닫는 데 도움을
주었습니다. 그리고 나로 하여금 거짓 신을 숭배했던 죄

를 고백하고, 메시아적 영광에 사로잡혀 구세주의 역할을 스스로 빼앗은 것을 회개하도록 이끌었습니다. 또한 원가족의 부정적인 영향으로 얼룩진 삶의 이야기를 긍정적인 복음의 메시지로 새롭게 써 내려가는 데 중요한 역할을 했습니다. 오랫동안 회피했던 문제들을 직면하고, 견딜 수 없을 것 같았던 고통을 견뎌내며, 두려움과 불안을 넘어 신뢰와 믿음을 갖도록 이끌어 주었습니다. 나의 이런 고민들 그리고 당신의 여정 가운데 앞으로 겪게 될 고민들이 당신의 삶에 더 많은 빛과 사랑을 가져다 주기를 진심으로 바랍니다.

이제 당신의 이야기는 어디로 향하고 있나요?

다음 이야기는 웨인 다이어(Wayne D. Dyer)가 헨리 나우웬에게 들려준 이야기를 각색한 것입니다.[1]

이 장면을 상상해 보세요. 두 아기가 엄마의 자궁 안에서 대화를 나누고 있습니다. 이해를 돕기 위해 이 쌍둥이를 자아(Ego)와 영혼(Spirit)이라고 부르겠습니다.

영혼은 자아에게, "네가 받아들이기 어렵다는 것을 알지만, 나는 태어난 후에도 삶이 있다고 진심으로 믿어"라고 말합니다.

자아는, "말도 안 되는 소리 마. 주위를 봐. 이게 전부야. 왜 항상 이 현실 너머의 것을 생각하려고 하는 거야? 네 운명을 받아들여. 편안하게 지내면서 태어난 후의 삶 같은 소리는 잊어버려."

영혼은 잠시 침묵을 지켰지만, 내면의 목소리가 더는 침묵을 허락하지 않았습니다. "자아야, 화내지 마, 할 말이 있어. 나도 우리에게 엄마가 있다고 믿어."

"엄마라고!" 자아는 킥킥 웃었습니다. "어떻게 그렇게 터무니없을 수가 있어? 넌 엄마를 본 적도 없잖아. 왜 이게 전부라는 걸 받아들이지 못하는 거야? 엄마라는 개념은 말도 안 돼. 넌 나와 단둘이 여기 있을 뿐이야. 이게 너의 현실이야. 이제 그 탯줄이나 잡고, 구석으로 가서 그런 바보 같은 소리는 그만 좀 해. 날 믿어, 엄마는 없어."

영혼은 마지못해 자아와의 대화를 멈췄지만, 곧 초조함이 밀려왔습니다. 영혼은 간청하며, "자아야, 제발 내 생각을 거부하지 말고 들어줘"라고 말합니다. "우리가 느끼는 끊임없는 압박감, 때때로 우리를 불편하게 만드는 그 움직임, 우리가 계속 자라면서 일어나는 지속적인 위치 변화와 점점 좁아지는 공간. 이 모든 것이 우리를 빛나는 장소로 나아갈 준비를 시키고 있는 것 같아. 그리고 우리는 곧 그곳을 경험하게 될 거야."

"이제 나는 네가 완전히 미쳤다는 걸 알겠어"라고 자아가 말합니다. "너는 평생 어둠 속에만 있었잖아. 빛을 본 적이 없는데, 어떻게 그런 생각을 할 수 있니? 네가 느끼는 그 움직임과 압박감이 너의 현실이야. 너는 완전히 독립된 존재야. 이게 너의 여정이야. 어둠과 압박감, 갇힌 느낌이 삶의 전부야. 살아 있는 한 그것과 싸워야 할 거야. 이제 그 탯줄이나 잡고 가만히 있어."

영혼은 잠시 진정했지만, 결국 더 이상 참을 수 없습니다. "자아야, 마지막으로 한 가지만 말하고 다시는 너를 귀찮게 하지 않을게."

"어서 말해", 자아가 조급하게 대답합니다.

"나는 이 모든 압박감과 불편함이 우리를 새로운 천상의 빛으로 인도할 뿐만 아니라 우리가 그 빛을 경험할 때 엄마와 얼굴을 맞대고 만나 지금까지 우리가 경험한 그 어떤 것보다도 황홀한 기쁨을 느끼게 될 거라고 믿어."

"영혼, 너 정말로 미쳤구나, 이제 확신이 생겼어."

이 이야기는 이 책의 핵심 진리를 담고 있습니다. 우

리는 인간으로서 현실에 대한 특정 관점에 얽매여 고착되고, 집착하게 되는데, 마치 위 이야기의 '자아'처럼 현실에 대한 대안적인 시각을 갖는 데 큰 어려움을 겪습니다. 영적 변화는 우리의 제한된 인간적 관점에 직면하고, 우리의 한정된 경험을 넘어 바라보며, 특히 우리와 가까운 사람들이 세상과 우리 자신에 관해 잘못 가르친 것을 초월할 수 있는 능력을 포함합니다. 우리는 이야기에 등장하는 '영혼'처럼 새로운 현실, 새로운 창조 그리고 아직 우리가 완전히 만나지 못한 그분을 기대하고 찾아 나서도록 초대받고 있습니다.

참고문헌

Abrams, Jeremiah, ed. *Reclaiming the Inner Child*. Los Angeles: Jeremy Tarcher, 1990.

Daim, Wilfried. *Depth Psychology and Salvation*. Translated and edited by Kurt F. Reinhard. New York: Ungar, 1963.

Denton, Donald Jr. *Religious Diagnosis in a Secular Society*. Lanham, Md.: University Press of America, 1998.

De Shazer, Steve. *Clues: Investigating Solutions in Brief Therapy*. New York: W.W. Norton & Co., 1988.

Ecker, Bruce, and Laurel Hulley. *Depth Oriented Brief Therapy*. San Francisco: Jossey-Bass, 1996.

Firestone, Robert. *Voice Therapy*. New York: Human Sciences Press, 1988.

________. *Combating Destructive Thought Processes*. Thousand Oaks, Calif.: Sage Publications, 1997.

Friedman, Edwin. *Generation to Generation: Family Process in Church and Synagogue*. New York: Guilford Press, 1985.

Gerkin, Charles. *The Living Human Document*. Nashville: Abingdon Press, 1984.

Howe, Leroy. *The Image of God: A Theology for Pastoral Care and Counseling*. Nashville: Abingdon Press, 1995.

Jordan, Merle. *Taking on the Gods*. Nashville: Abingdon Press, 1986.

Lang, Martin. *Acquiring Our Image of God: Emotional Basis for Religious Education*. New York: Paulist Press, 1983.

Leavy, Stanley. *In the Image of God: A Psychoanalyst's View*. New Haven, Conn.: Yale University Press, 1988.

McGoldrick, Monica, and Randy Gerson. *Genograms in Family*

Assessment. New York: W.W. Norton & Co., 1985.

Miller, Scott, and Insoo Kim Berg. *The Miracle Method*. New York: W.W. Norton & Co., 1995.

Mogenson, Greg. *God Is a Trauma*. Dallas: Spring Publications, 1989.

Nouwen, Henri. *Life of the Beloved*. New York: Crossroad, 1992.

Oden, Thomas. *The Structure of Awareness*. Nashville: Abingdon Press, 1969.

Paul, Margaret. *Inner Bonding: Becoming a Loving Adult to Your Inner Child*. San Francisco: HarperCollins, 1992.

Prior, Stephen. *Object Relations in Severe Trauma*. Northvale, NJ: Jason Aronson, 1996.

Richardson, Ronald. *Family Ties That Bind*. North Vancouver: Self-Counsel Press, 1984.

Rizzuto, Ana-Maria. *The Birth of the Living God*. Chicago: University of Chicago Press, 1979.

Ryan, Dale, and Juanita Ryan. *Recovery from Distorted Images of God*. Downers Grove, Ill.: InterVarsity Press, 1990.

Ulrich, David, and Harry Dunne. *To Love and Work: A Systemic Interlocking of Family, Workplace, and Career*. New York: Brunner/Mazel, 1986.

Weiss, Joseph. *How Psychotherapy Works*. New York: Guilford Press, 1993.

White, Michael, and David Epston. *Narrative Means to Therapeutic Ends*. New York: W.W. Norton & Co., 1990.

Whitfield, Charles. *Healing the Child Within*. Deerfield Beach, Fla.: Health Communications, 1989.

Williamson, Donald. *The Intimacy Paradox: Personal Authority in the Family System*. New York: Guilford Press, 1991.

미주

프롤로그

1 헨리 나우웬은 자신의 취약성과 내면의 고통을 솔직하게 인정함으로써 목회자가 더 효과적인 치유자가 될 수 있다는 역설적 개념을 발전시키고, 내적 여정과 공동체 삶의 균형을 강조한 목회자이자 신학자입니다. 대표적인 저작으로는 *The Wounded Healer*(1972), *The Return of the Prodigal Son*(1992), *In the Name of Jesus*(1989) 등이 있습니다. (역자 주)

2 개인이 태어나고 자라난 가족, 즉 부모와 형제자매 등과 함께 초기 성장 과정을 보낸 환경을 '원가족'이라고 합니다. 원가족은 개인의 정체성 형성, 가치관 확립, 대인 관계 방식, 심리적 발달 등에 지대한 영향을 미치는 중요한 요소입니다. (역자 주)

3 가족으로부터의 심리적 분화(Psychological Differentiation)는 개인이 가족이나 타인과의 정서적 융합에서 벗어나 자율성과 독립성을 확립하는 과정을 의미합니다. 이 개념은 Murray Bowen의 가족체계이론(Family Systems Theory)에서 비롯되었으며, 가족 내에서의 정서적 유대가 매우 강할 때 생길 수 있는 개인의 심리적 혼란이나 의존성 문제와 관련되어 있습니다. (역자 주)

4 누가복음 14장 26절.

5 Carl Jung, *quoted by Ronald Richardson in Family Ties That Bind* (North Vancouver: Self-Counsel Press, 1984), 1.

6 Ibid., 2.

7 Michael Harter, S. J., ed., *Hearts on Fire: Praying with Jesuits* (St. Louis: Institute of Jesuit Sources, 1993), 9.

8 J. V. Langmead Casserley, *The Christian in Philosophy* (New York: Charles Scribner's Sons, 1951), 42.

1장 _ 나는 어디에 속해 있었는가

1 분리불안(Separation Anxiety)은 애착 대상과의 분리 시 과도한 불안과 공포를 경험하는 심리적 상태로, 발달심리학에서는 존 볼비와 메리 에인스워스의 애착 이론을 통해 체계화되었습니다. 정상적으로는 생후 8~14개월 경에 나타나지만, 연령에 맞지 않게 지속되거나 심할 경우 분리불안장애로 진단됩니다. DSM-5에서는 분리에 대한 과도한 두려움, 신체 증상, 재앙적 사고 등을 증상으로 규정합니다. (역자 주)

2 억압(Repression)은 고통스럽거나 위협적인 생각, 감정, 욕구, 기억을 의식에서 무의식으로 밀어내는 심리적 방어기제입니다. 이는 자아가 불안이나 심리적 갈등으로부터 자신을 보호하기 위해 사용하는 무의식적 과정이며, 억압된 내용은 의식에서 제거되지만 무의식 속에 남아 있어 간접적으로 꿈, 말실수, 신체 증상, 행동 패턴에 영향을 미치게 됩니다. (역자 주)

3 부적절감(Feeling Inadequate)은 자신이 특정 상황이나 역할에 적합하지 않거나 능력이 부족하다고 느끼는 감정 상태를 의미합니다. 이는 개인이 자신의 능력, 자질, 가치에 대해 자신감을 갖지 못하고, 타인과 비교했을 때 자신이 뒤떨어진다고 느낄 때 주로 나타납니다. (역자 주)

4 토마스 머튼은 명상과 침묵을 통한 하나님과의 연결을 강조하였고, 수도원적 영성을 현대인들이 일상에서 실천할 수 있도록 접근 가능하게 만든 트라피스트 수도사이자, 영향력 있는 영성 작가입니다. 대표적인 저작으로는 *The Seven Storey Mountain*(1948), *New Seeds of Contemplation*(1961) 등이 있습니다. (역자 주)

5 Thomas Merton, *Bread in the Wilderness* (New York: New Directions, 1953), 76.

6 Merle Jordan, "Prayer and Meditation in Pastoral Care and Counseling," in *Handbook for Basic Types of Pastoral Care and Counseling*, ed. Howard Stone and William Clements (Nashville: Abingdon Press, 1991).

7 관계 패턴(Interpersonal Pattern)은 한 개인이 타인과 관계를 맺고 상호 작용하는 일관된 방식과 경향성을 의미합니다. 이는 유아기부터 형성되어 생애 전반에 걸쳐 발전하며, 애착 경험, 가족 역동, 초기 대인 관계 경험에 크게 영향을 받습니다. 관계 패턴은 개인이 타인에게 접근하고, 친밀감을 형성하며, 갈등을 해결하고, 경계를 설정하는 방식에 반영될 뿐 아니라, 대개 무의식적으로 작동하며, 개인의 기대, 신념, 행동, 정서적 반응을 포함합니다. (역자 주)

8 피터 테일러 포사이스는 그리스도의 십자가를 중심으로 하는 속죄론과 윤리적 생활을 강조하고, 자유주의와 보수주의 사이의 중도적 입장에서 기독교 신앙의 핵심을 새롭게 조명한 스코틀랜드 신학자입니다. 대표적인 저작으로는 *The Cruciality of the Cross*(1906), *The Person and Place of Jesus Christ*(1909) 등이 있습니다. (역자 주)

9 Peter Taylor Forsyth, *The Soul of Prayer* (London: Independent Press, 1916), 81-92.

10 누가복음 22장 42절.

11 유기불안(遺棄不安, Fear of Abandonment)은 자신이 중요한 사람들에게 버려지거나 관계가 끊길 것에 대한 두려움이나 불안감을 의미합니다. 이는 대인 관계에서 자주 나타나며, 주로 어린 시절의 경험이나 정서적 트라우마에서 비롯될 수 있습니다. (역자 주)

12 대상 항상성(Object Constancy)은 심리학, 특히 애착 이론에서 중요한 개념입니다. 이는 아이가 부모나 주요 양육자와 물리적으로 떨어져 있거나 보이지 않더라도 그들의 존재와 사랑이 변함없이 지속된다는 것을 이해하는 능력을 의미합니다. 즉, 잠시 부모가 곁에 없더라도 부모는 여전히 자신을 사랑하며 다시 돌아올 것이라는 믿음과 안정감을 갖는 것이 대상 항상성입니다. (역자 주)

13 Charles P. Cohen and Vance R. Sherwood, *Becoming a Constant Object in Psychotherapy with the Borderline Patient* (New York: Jason Aronson, 1991), 13.

14 전이(Transference)는 내담자가 과거 중요한 인물(주로 부모나

양육자)과의 관계로부터 비롯된 감정, 생각, 기대를 현재의 치료자에게 무의식적으로 투사하는 현상을 의미합니다. 이 과정에서 내담자는 치료자를 과거 관계의 틀을 통해 경험하며, 과거 관계에서 느꼈던 감정과 행동 패턴을 재현합니다. 전이는 정신 역동적 심리치료의 핵심 요소로, 내담자의 무의식적 갈등, 관계 패턴, 미해결된 감정을 치료 상황에서 확인하고 다룰 수 있게 해주는 중요한 치료적 도구입니다. (역자 주)

15 내사는 심리학에서 사용하는 방어기제 중 하나로, 외부 대상이나 타인의 생각, 감정, 태도, 가치 등을 자신의 내면에 받아들여 마치 자신의 것처럼 느끼고 행동하는 과정을 뜻합니다. (역자 주)

16 노리치의 줄리안은 중세 영국의 신비주의자로, 1373년 경험한 16개의 환시를 바탕으로 『하나님 사랑의 계시』를 저술했습니다. 영어로 기록한 초기 여성 작가 중 한 사람으로, 그리스도의 무조건적 사랑을 강조하며 "모든 것이 잘 될 것입니다"(All Shall be Well)라는 명언을 남겼습니다. 노리치교회에서 은수자로 생활했으며, 그녀의 저작은 20세기에 재발견되어 현대 영성 분야에 깊은 영향을 미치고 있습니다. (역자 주)

17 Julian of Norwich, *Showings* (New York: Paulist Press, 1978).

2장 _ 내 안에 남아 있는 가족의 목소리들

1 Claudia Black, *It Will Never Happen to Me* (New York: Ballantine, 1987).

2 Louis B. Fierman, *The Therapist Is the Therapy* (Northvale, N. J.: Jason Aronson Inc., 1997), 4.

3 에릭 번은 부모-성인-아이 자아 상태 모델과 인생 각본 개념을 발전시켜 대인 관계 패턴을 이해하는 틀을 제공한 교류 분석의 창시자입니다. 대표적인 저작으로는 *Games People Play*(1964), *What Do You Say After You Say Hello?*(1972) 등이 있습니다. (역자 주)

4 창세기 3장 12절.

5 Edwin Friedman, "Bowen Theory and Therapy," in *Handbook of Family Therapy*, ed. Alan Gurman and David Kniskern (New York: Brunner/Mazel Publishers), 1991.

6 에드윈 프리드먼은 가족 체계 관점을 교회, 회당, 기관 및 지도자의 역할에 적용시켰으며, 불안 관리와 자기분화를 강조한 목회 상담가입니다. 대표적인 저작으로는 *Generation to Generation*(1985), *A Failure of Nerve*(1997) 등이 있습니다. (역자 주)

7 앨버트 엘리스는 비합리적 신념이 정서적 고통을 야기한다는 ABC 모델을 발전시키고, 인지적 재구성을 통해 비합리적 사고를 변화시키는 것을 목적으로 하는 합리정서행동치료(REBT)의 창시자입니다. 대표적인 저작으로는 *Reason and Emotion in Psychotherapy*(1962), *A New Guide to Rational Living*(1961) 등이 있습니다. (역자 주)

8 *Albert Ellis, Humanistic Psychotherapy: The Rational Emotive Approach* (New York: Julian Press, 1973), 55-62.

9 Stephen R. Covey, *The Seven Habits of Highly Effective People* (New York: Simon & Schuster, 1989), 71.

10 Everett L. Shostrom, *Man the Manipulator* (Nashville: Abingdon Press, 1967).

11 From a workshop, "Intergenerational Family Therapy," in La Jolla, California, 1992, with Donald Williamson and James Framo.

12 동일시(Identification)는 개인이 다른 사람의 특성, 행동, 태도, 또는 가치를 자신의 자아 감각에 통합시키는 심리적 과정을 의미합니다. 이 개념은 개인의 정체성 형성과 성격 발달에 중요한 역할을 합니다. 동일시는 아동기에 부모와의 관계에서 시작되어 청소년기와 성인기까지 지속되며, 개인이 자신을 인식하고 사회 환경 내에서 타인과 관계를 맺는 방식에 근본적인 영향을 미칩니다. (역자 주)

13 Louise Armstrong and Whitney Darrow, *A Child's Guide to Freud* (New York: Simon & Schuster, 1963).

14 Robert Llewellyn, *Love Bade Me Welcome* (New York: Paulist Press, 1984), 1.

15 C. S. 루이스는 상상력과 이성을 결합하여 기독교 신앙을 대중적으로 설명하고, 고통의 문제와 신앙의 여정을 탐구한 기독교 변증가이자 작가입니다. 대표적인 저작으로는 *The Chronicles of Narnia*(1950~1956), *Mere Christianity*(1943), *The Screwtape Letters*(1942) 등이 있습니다. (역자 주)

16 마태복음 5장 4절.

17 에베소서 4장 26절.

18 프랑수아 페넬론은 하나님에 대한 절대적 순종과 자기 포기를 통한 영적 성장에 주목하며, 내적 기도와 영적 침묵을 강조한 17세기 프랑스 신학자입니다. 대표적인 저작으로는 *Maxims of the Saints*(1697), *Spiritual Letters*(1877) 등이 있습니다. (역자 주)

19 François Fénelon, in *Christian Perfection*, ed. Charles F. Whiston, (New York: Harper & Brothers, 1947).

20 시편 51장 4절.

21 폴 투르니에는 의학, 심리학, 영성의 통합적 접근을 통한 전인적 치유 모델을 제시한 스위스 의사이자 기독교 심리치료사입니다. 대표적인 저작으로는 *The Healing of Persons*(1940), *The Meaning of Persons*(1955) 등이 있습니다. (역자 주)

22 Paul Tournier, *Guilt and Grace* (New York: Harper & Row, 1962).

23 에리히 프롬은 사회적 맥락에서의 인간 발달과 소외 현상을 분석하며, 사랑의 본질에 대한 통찰을 제공한 인본주의 심리학자입니다. 대표적인 저작으로는 *The Art of Loving*(1956), *To Have or to Be*(1976), *Escape from Freedom*(1941) 등이 있습니다. (역자 주)

24 Erich Fromm, *The Art of Loving* (New York: Harper & Brothers, 1956).

25 에이브러햄 매슬로는 욕구위계이론과 자아실현 개념을 발전시켜 인간의 잠재력과 성장 가능성을 강조한 인본주의 심리학자입니다. 대표

적인 저작으로는 *Motivation and Personality*(1954), *Toward a Psychology of Being*(1962) 등이 있습니다. (역자 주)

26 A. H. Maslow and Bela Mittelman, *Principles of Abnormal Psychology* (New York: Harper & Brothers, 1941), 6.

27 David C. Jacobsen, *Clarity in Prayer* (Corte Madera, Calif: Omega Books, 1976), 93.

28 Judith V. Jordan, Alexandra G. Kaplan, Jean Baker Miller, Irene P. Stiver, and Janet L. Surrey, *Women's Growth in Connection* (New York: Guilford Press, 1991).

29 Tournier, *Guilt and Grace*, 167.

30 Monica McGoldrick and Randy Gerson, *Genograms in Family Assessment* (New York: W.W. Norton & Co., 1985).

31 Menninger Video Productions, *Constructing the Multigenerational Family Genogram: Exploring a Problem in Context* (Topeka: The Menninger Clinic, 1983).

3장 _ 어른이 되었지만, 내 안에 남은 아이

1 Stephen Prior, *Object Relations in Severe Trauma: Psychotherapy of the Sexually Abused Child* (Northvale, N.J.: Jason Aronson, 1996).

2 강조는 저자에 의한 것입니다. (역자 주)

3 Joseph Weiss, *How Psychotherapy Works: Process and Technique* (New York: Guilford Press, 1993).

4 강조는 저자에 의한 것입니다. (역자 주)

5 강조는 저자에 의한 것입니다. (역자 주)

6 마태복음 5장 4절.

7 Joseph Weiss, "Plan Formulation," Steps 1, 5(Private Clinical Document).

8 Ibid., 3.

9 Weiss, *How Psychotherapy Works*, 13.

10 Ibid., 12.

11 Robert Firestone, *Voice Therapy—A Psychotherapeutic Approach to Self-Destructive Behavior* (New York: Human Sciences Press, 1968), 33.

12 Ibid., 33.

13 Ibid., 35.

14 강조는 저자에 의한 것입니다. (역자 주)

15 Robert Firestone, *Suicide and the Inner Voice* (Thousand Oaks, Calif.: Sage Publications, 1997), XII.

16 강조는 저자에 의한 것입니다. (역자 주)

17 Firestone, *Voice Therapy*, 18.

18 Robert Firestone, *Combating Destructive Thought Processes: Voice Therapy and Separation Theory* (Thousand Oaks, Calif.: Sage Publications, 1997), 77.

19 Ibid., 110.

20 Firestone, *Suicide and the Inner Voice*, 182.

21 Firestone, *Voice Therapy*, 263.

22 강조는 저자에 의한 것입니다. (역자 주)

23 Firestone, *Combating Destructive Thought Processes*, 186.

24 Henri Nouwen, *Life of the Beloved* (New York: Crossroad, 1992), 26-27.

25 Firestone, *Voice Therapy*, 205-7.

26 조셉 캠벨은 여러 문화의 신화에 나타난 영웅의 여정이라는 보편적 이야기 구조를 분석하여 기독교 내러티브 해석에도 영향을 미친 신화학자입니다. 대표적인 저작으로는 *The Hero with a Thousand Faces*(1949), *The Power of Myth*(1988) 등이 있습니다. (역자 주)

27 Wilfried Daim, "On Depth-Psychology and Salvation," *Journal of Psychotherapy as a Religious Process*, 2, 1 (January 1955).

28 Ibid., 26.

29 Anna Freud and Dorothy Burlingham, *Kriegskinder* (London: Imago, 1949), 41.

30 Wilfried Daim, *Depth Psychology and Salvation* (New York: Ungar, 1963), 94.

31 Daim, "On Depth-Psychology and Salvation," 29-30.

32 Ibid., 32.

33 Daim, *Depth Psychology and Salvation*, 46-47.

34 Daim, "On Depth-Psychology and Salvation," 34.

35 Daim, *Depth Psychology and Salvation*, 185-87.

36 Daim, "Depth Psychology and Grace," Journal of *Psychotherapy as a Religious Process* 1 (January 1954): 36-37.

37 Daim, *Depth Psychology and Salvation*, 246.

38 Margaret Paul, *Inner Bonding* (San Francisco: HarperCollins, 1992), XI-XII.

39 Ibid.

40 함입은 심리학에서 개인이 타인(특히 가까운 관계에 있는 사람)에게 정서적으로 삼켜지거나 압도되는 경험을 의미합니다. 이는 자기-타인 경계가 침범당하고 자신의 독립적 정체성이 위협받는 상태로, 주로 경계가 불분명한 밀착된 관계에서 발생합니다. (역자 주)

41 밀착은 가족체계이론과 구조적 가족 치료에서 중요한 개념으로, 가족 구성원 간 경계가 지나치게 약하거나 불명확하여 개인의 자율성이 제한되는 관계 패턴을 의미합니다. 밀착의 특징으로는 과도한 상호 의존성, 갈등 회피, 높은 정서적 반응성, 개인의 차이를 인정하지 않는 경향 그리고 내부와 외부 세계 사이의 명확한 경계 부재 등이 있습니다. (역자 주)

42 Ibid.

43 Bruce Ecker and Laurel Hulley, *Depth Oriented Brief Therapy*, Video Viewer's Manual (Oakland: Pacific Seminars, 1998), 2.

44 작용 신학(Operative Theology)은 종교 공동체 내에서 실제로 작동하는 신학적 이해와 신앙 방식을 연구하는 접근법입니다. 작용 신학

은 공식적으로 선언된 공식적 신학(Espoused Theology)과 구별되며, 신자들의 실제 삶과 결정에 반영되는 잠재적 믿음과 가치관을 다룹니다. 예를 들어, 교회가 공식적으로는 한 가지를 가르치지만 실제로는 다른 원칙에 따라 행동할 때, 그 실제 적용되는 원칙이 작용 신학에 해당합니다. 이 개념은 1970~80년대 던 브라우닝(Don Browning)과 에드워드 파렐(Edward Farley)에 의해 체계화되었으며, 선언된 신학과 실천된 신학 사이의 간극을 이해하는 데 중요한 틀을 제공합니다. (역자 주)

45 Bruce Ecker and Laurel Hulley, *Depth-Oriented Brief Therapy* (San Francisco: Jossey-Bass, 1996), 3.

46 Insoo Kim Berg and Scott D. Miller, *Working with the Problem Drinker: A Solution-Focused Approach* (New York: W. W. Norton & Co., 1992), 13.

47 Ibid., 17.

48 Daniel Taylor, *The Healing Power of Stories* (New York: Doubleday, 1996), 1.

49 Michael White and David Epston, *Narrative Means to Therapeutic Ends* (New York: W.W. Norton & Co., 1990), 40.

50 Ibid., 38.

51 John Byng-Hall, *Rewriting Family Scripts* (New York: Guilford Press, 1995), 9.

52 Alan Parry and Robert E. Doan, *Narrative Therapy in the Postmodern World* (New York: Guilford Press, 1994), 45.

53 마태복음 5장 21절, 23절.

54 Peter Taylor Forsyth, *The Principle of Authority* (London: Hodder & Stoughton, 1913), 83.

4장 _ 가족의 그림자와 현재의 나

1 머레이 보웬은 다세대 전수 과정, 삼각관계, 자기분화 등의 개념을 발전시켜 가족 역동성을 이해하는 새로운 틀을 제공한 가족체계이론의

창시자입니다. 대표적인 저작으로는 *Family Therapy in Clinical Practice*(1978), *Toward the Differentiation of Self in One's Family of Origin*(1974) 등이 있습니다. (역자 주)

2 버지니아 사티어는 명확한 의사소통, 자존감, 가족 규칙의 중요성을 강조하는 경험적 가족 치료 모델을 개발한 가족 치료의 선구자입니다. 대표적인 저작으로는 *Conjoint Family Therapy*(1964), *Peoplemaking*(1972) 등이 있습니다. (역자 주)

3 Edwin H. Friedman, *Generation to Generation: Family Process in Church and Synagogue* (New York: Guilford Press, 1985), 3.

4 Ibid., 3.

5 David N. Ulrich and Harry P. Dunne, Jr., *To Love and Work: A Systemic Interlocking of Family, Workplace and Career* (New York: Brunner/Mazel, 1986), XII, XIII.

6 Igor A. Caruso, *Existential Psychology: From Analysis to Synthesis* (New York: Herder & Herder, 1964), 170.

7 알약 교회는 교인들에게 즉각적인 해결책이나 감정적인 위로를 제공하는 데 초점을 맞춘 교회를 의미하고, 자두 교회는 문제 해결보다는 문제를 인식하고 해결하기 위한 과정에 중점을 두며, 장기적인 관점에서 교인들의 성장을 지원하는 교회를 상징합니다. (역자 주)

8 Merle Jordan and Wayne Kendall, "Deactivating Pastoral Hot Buttons," unpublished article.

9 역전이는 치료자가 내담자에게 보이는 정서적 반응으로, 치료자 자신의 과거 경험, 미해결된 갈등, 개인적 필요에 근거한 반응을 의미합니다. 초기에는 치료적 관계에 방해가 되는 요소로 여겨졌으나, 현대 심리치료에서는 내담자에 대한 중요한 정보를 제공하는 진단적 도구이자 치료적 자원으로 인식됩니다. (역자 주)

10 토마스 켈리는 내적 빛과 영적 현존에 대한 개인의 경험을 강조하며, 일상 속 깊은 영성의 추구뿐 아니라, 현대 삶에서 지속적인 기도와 하나님 인식을 유지하는 방법을 제시한 퀘이커 신학자입니다. 대표적인

저작으로는 *A Testament of Devotion*(1941)이 있습니다. (역자 주)

11 Thomas R. Kelly, *A Testament of Devotion* (New York: Harper & Brothers, 1941), 96-97.

5장 _ 어린 시절과 다시 마주하기

1 요한1서 5장 21절.

2 Peter Taylor Forsyth, *The Principle of Authority* (London: Hodder & Stoughton, 1913), 343.

3 Donald Williamson, *The Intimacy Paradox* (New York: Guilford Press, 1991), 127-50.

4 요한1서 4장 16절. 괄호 내용은 저자에 의한 것입니다.

5 Henri Nouwen, *Life of the Beloved* (New York: Crossroad, 1992), 25-31.

6 시편 51장 4절.

7 François Fénelon, *Christian Perfection* (New York: Harper & Brothers, 1947).

8 Ibid., 178-79.

에필로그

1 Wayne Dyer, *Your Sacred Self* (New York: HarperCollins, 1995), 1-2.